片づけで
金運&幸運
をつかむ!

座敷わらしに好かれる部屋、貧乏神が取りつく部屋

空間心理
カウンセラー
伊藤勇司

WAVE出版

いっそのこと、
夜逃げして田舎の方へ隠れてしまおうか……。
そんなふうに思いつめ、
人生のどん底を感じていたあの夜から、
私に、信じられない幻覚が見え始めていった。
でも、それは同時に、
奇跡の始まりでもあった。

「プロローグ」

「もう離婚して、自由になりたい！」

セミナー帰りのコーヒーショップ。ダメ夫に関する愚痴《ぐち》とともに、友人にこの言葉を聞かせるのはこれで何度目だろうか。いや、口に出して他人に愚痴る以外でも、私の心の中ではもう何百回も繰り返された言葉だ。

私は今、アパレルショップに勤務しながら、夫のヒロキと2人暮らしをしている。でも、甲斐性なしの夫は稼ぎが悪く、そのうえ共働きなのに家事は全部私まかせ。何度不満をぶつけても、彼の煮え切らない様子がさらに私をイラつかせる。

もはやそんな夫には愛想を尽かしていて、私の頭の片隅にはいつも「離婚」の2文字がこびりついていた。この人と離婚さえすれば、私の未来は明るいはず、なのだ。

しかし、そんな私は私で、夫には言えない問題を抱えていた。

早くこんなダメ夫と別れて自立しようと思い始めていた時、友人に誘われて参加したある女性起業家のセミナーで、目からウロコが落ちる思いがした。

なんと、私と同年代に見える起業家の彼女も、数年前までは私と全く同じような環境にいたというのだ。

平凡な容姿で、平凡な学歴で、平凡な会社の事務をしていた彼女が、自分磨きをした結果、ダメな夫と離婚して起業。今では自分の好きなことだけをして十分すぎるほど稼ぎ、1年の半分はパートナーのいる海外で暮らす生活だという。

「私にできて、皆さんにできないはずはありません！」

会場の端っこに座っていた私は、きっぱりとそういう彼女と目があった瞬間、魔法にかかったようにドキドキしていた。

（私だって、行動さえすれば人生を変えられるんだ……！）

そう確信を得た私はその後、密かに投資やビジネスセミナーのほか、自己啓発系のセミナーまで、ありとあらゆる高額セミナーを受講して、自立に向けた準備を進めていった。

でも……。

夢を感じさせる広告や、刺激的な文言に踊らされながら、「まずは自己投資をして、その後ビジネスをすればなんとかなる！」と、ずっと夢の自立を追いかけながら学んでいたものの、一向に「お金になる何か」が降ってくる気配はない。

気づけば湯水のごとくお金を使いまくり、あれよあれよという間にローンを含めて借金が450万円まで膨《ふく》れ上がっていた。

「こんなはずじゃなかったのに……。経済的に自立して、ダメ夫からも解放されて、自由になるはずだったのに……!!」

そう心で叫ぶも、時すでに遅し。ふと我に返って気づいた時には、自分でもどうしようもない状態になっていた。


「もう、この際、世界一不幸になってやる!」


そんな訳のわからない開き直りをしていた私の家は、足の踏み場もないくらいに荒れに荒れていた。「片づけないと」と焦りながらも、部屋の様子を見た瞬間に、何から手をつけていいのかわからずに頭がパニックになる。

結果的に、洞窟の中で過ごしているかのように、大量の物に囲まれながら、物にさえぎられて陽が当たらない暗い部屋で過ごす毎日となっていた。

そんなある日のこと。

セミナーで出会った親しい仲間数名が、私の困った様子を見かねて片づけを手伝いに来てくれることになった。ありがたいやら、見せたくないやらで、当日までに少しでも部屋の状態を整えておこうと思ったが、やはり私1人の力ではどうにもできずにその日を迎えた。

今回来てくれたのは3人。最寄り駅まで彼女たちを迎えに行き、家まで案内をする道中では、3人とも興味本位で来たこともあるのか、どんな汚部屋が待っているのか、あることないことを想像してキャッキャと話し合いながら歩いていた。そうこうしているうちに、路地裏の角を曲がるとうちが見えてくる。

「あそこが、私の家だよ」

と、言葉にした時。仲間の1人の表情が、明らかに曇り始めていた。そして、家の前にたどり着いた次の瞬間。

「ごめん……ちょっとイヤな空気感じる……！」

急に取り乱した彼女は、

「この家、ほんとにヤバいかも……悪いけど、ちょっと結界《けっかい》張らせてもらうね！」

と、いきなり何か儀式のようなものを始めた。

実は彼女は普段から霊感があり、いわゆる「視える人」だった。その彼女が今まで見たこともないぐらい取り乱している姿を見て、ほかの2人からもさっきまでのワクワク感は消え失せていた。そうして一通り結界を張る儀式が終わり、満を持して家に入ることになった。

(私や夫がいつも普通にこの家に入っているのは、異常なんだろうか……)内心そんなことを思いながらも、3人を家の中へと招き入れる。

玄関を入ってすぐ、1人が靴を指差して、声高に言った。

「うわっ。靴、いっぱいあるけど、ほとんどカビ生えてるし! そもそも玄関がカビ臭いよ!!」

そして間髪入れずに、霊感がある彼女が言葉を発する。

「家の中に入ったら、ますますイヤな空気感じる……」

そう言いながら彼女は、バッグから何かを取り出して、カチカチと叩き始めた。よく見るとそれは、魔除《まよ》けのお祓《はら》いなどで用いられる火打石《ひうちいし》だった。

「やだっ、全然火がつかない」

靴にカビが生えるのが当たり前なぐらい、私の家が湿気ているからか、彼女の火打石も効果なく、乾いた虚しい音だけが鳴り響く。

すでに家に入るまでに30分以上時間が経過しながら、ようやく内部へと足を踏み入れたが……そこからはもう、惨劇が起き続けているかのように叫び声だけが鳴り響く時間となった。


彼女たちの想像を遥かに超える状態だったからか、片づけはほとんど進まず、皆ぐったりして帰っていった。そしてこれは後日談だが、その3人はその後しばらく、みな原因不明の体調不良となったようだ。

もう、仲間にも愛想を尽かされたに違いない。事態はいよいよ絶望的となる。

「何よ、もう！　貧乏神が取りついているとしか思えない！　こんな状況はうんざり！　もう、何もかもから解放されたーーーーい!!!」

すべてが嫌になって、家の中で思わず叫んでしまったその瞬間。


「わたしも、解放されたーーい！」

と、どこからともなく、聞き覚えがない子どもの声が聞こえてきた。

「だ、だれか、いるの⁉」

あたりを見渡しながら声がした玄関のほうへ恐る恐る近づいていくと、おかっぱ頭の女の子がべっこう飴をなめながら、怒りに満ちた顔でこちらを見ている。

「あなた、だれ⁉」

状況が飲み込めないまま、私は女の子に近づいてみた。

わたしは、座敷わらし。大好物のべっこう飴を見かけたから家に入ってみたら、なんか急に出られなくなったの‼
はやく結界を解いて出してよ！
こんなとこに、ずっといたくないんだから‼

これは、幻覚なのか。

座敷わらしと名乗る女の子と、私は会話をしている。

「座敷わらしって、見たものには幸福が舞い込むっていう、あの、座敷わらし？」

まさかとは思いつつ、たずねてみると……、

「そうだったら、なんなの！　どうでもいいから、早く出して!!」

「いやぁぁぁ!!　行かないでぇーーー!!!　なんでもするからーーーー!!!」


座敷わらしが、私の家にやってきた。

しかも、住みついているわけではないが、仲間が張った結界が功を奏したのか、今はまだ閉じ込められてくれている。

こんなチャンスは、人生でもう二度とこないかもしれない。

この機会になんとか、私の家に住みついてくれたら……。

こうして私は自分の未来に淡い期待を持てるようになりながら、突如訪れた座敷わらしとの奇妙な物語がスタートしたのだった。

はじめに

座敷わらしが住みたくなる部屋

いきなりですが、イメージしてみてください。**幸せと富をもたらしてくれる座敷わらし**が、あなたの家にやってくる瞬間を。

これはなんとなくで大丈夫です。

座敷わらしがやってきた瞬間から、あなたが想像もできないような幸運が雪崩れ込んでくる。そうイメージしただけで、なんだかワクワクしてきませんか？

僕は「空間心理カウンセラー」としてこれまで数多くのお部屋と、そこに住む人の人間心理を垣間見てきました。

空間心理カウンセラー
伊藤勇司

その経験で実感したことは、**家庭も円満で経済的にも豊かな暮らしをしている人の部屋には、ある一定の特徴があったということです。**そして、その特徴こそが、「座敷わらし」伝説に関連するような特徴であることに気づいた瞬間、僕の中の子どもも心が瞬間的に目覚めたように、心躍る気分になりました。

そして、それらの特徴を元に部屋づくりのアドバイスを行っていくと、**家族関係、仕事関係、人間関係などの、あらゆるシーンで人生が好転していく**ケースを目の当たりにしてきたのです。

座敷わらしがやってきた部屋には、富がもたらされ繁栄すると言われています。

まるで部屋を変えたことで、座敷わらしがやってきたかのように劇的に変わっていったのです。

次はもちろん、あなたの番です。準備はよろしいでしょうか？

最初にお伝えしておきますが、もう後戻りはできないということを意識しておいてください。これは、**幸せと豊かさが今後一生途切れることがないということです。**もう二度と、不幸なあなたには戻れないということを、肝に銘じてこれから先を読み進めてください。

座敷わらしについては、一方でこんなことも言われています。

「座敷わらしが去った家は没落する」と。

幸せは「なる」ことが大切なのではなく、**「幸せを維持する」**ことに意義があります。富も、築くことが目的なのではなく、**「富を維持し続ける」**ことが発展繁栄の鉄則なのです。

それと同じように、座敷わらしにも来てもらうことが重要ではなく、**座敷わらしにずっと居てもらえるようにすることが大切です。**

だからこそ、もうあなたはこれから、後戻りはできないのです。

一生幸せを続ける心の準備は、できましたか?

それではさっそく、座敷わらしが住みたくなる部屋について、詳しく見ていきましょう。

もくじ

もくじ

第3章　ビンボー思考から座敷わらし思考へ

第4章 座敷わらしのハートをつかむ部屋づくり

もくじ

登場人物紹介

ユカ

アパレル勤務。
キラキラ輝く女性起業家を夢見て
一生懸命頑張っているが、
部屋も頭もテンパって
人生うまくいかない……
とくすぶっている。

ヒロキ

ユカの夫。
真面目で穏やかな性分だが、
気弱なところが災いして
トラブルに巻き込まれることもしばしば。
いつもユカに萎縮している。

座敷わらし

べっこう飴につられて
ユカの家にやってくる。
無邪気で明るくいたずらが大好き。
お部屋さんが一番の友達。

貧乏神

ユカの部屋が一番の楽園。
不幸をこよなく愛する貧弱な神様。
ユカを不幸へ導くための
先生として意気込んでいる。

第1章
貧乏神先生、あらわる

座敷わらしからのプレゼント

突然、私の前に現れた座敷わらし。それは暗がりの人生を歩いていた私に、一筋の光を照らしてくれたような瞬間だった。

「座敷わらしちゃん！　私、何とかして今の状況を変えたいと思っているの！なんでもするからお願い、私を助けて！」

こんなチャンスは、もう人生で二度と来ないだろう。

だからこそ、私はありったけの想いを座敷わらしに伝えた。

「えっ？　そんなの知らないよ！　私は一刻も早くここから出たいの！そんな相談は、あそこにいるおじちゃんにしなよ！」

そう言いながら座敷わらしが指をさした先には、誰も見当たらない。いや、そもそもこの家に私と夫以外の誰かがいるはずもない。

「何言ってるの？　おじちゃんなんていないよ！どうせなら、もっとマシな嘘ついてよ！」

そう伝えた瞬間、座敷わらしはポカンとした表情になった。

「な～んだ、見えてないの～？　そっか～！」

そう言うと座敷わらしは、急に楽しそうな様子になり、不敵な笑みを浮かべた。

「わかった！　じゃあ、わたしが今から、あなたの望みを叶えてあげるね～！」

さっきまでの様子との急激な変化に違和感を覚えたが、その言葉を信じて私は念をおして伝えた。

「本当に、私の望みを叶えてくれるの？」

「うん、いいよー！　じゃあ、今からおまじないをかけるから、目をつぶってね。3秒後には、素敵な世界が待ってるから～！」

なんてことでしょう。こんな形で私にも、幸せになる瞬間が訪れるなんて。

目を閉じた私の頭の中で、これまでの苦労が走馬灯のように巡っていく。

もう大丈夫よ！　今までよく頑張ったね、私！

「じゃあ、今からおまじないをかけるね～。3、2、1……

はーい、もう目を開けていいよ～」

目を開けると、これまでの嫌なことがすべて報われる世界が待っている。バラ色の毎日が。期待に胸を膨らませながら、私はゆっくりと瞼《まぶた》を上げた。

「えっ！　何!!　あんた、誰!?」

目を開けた私の前に現れたのは、薄汚い格好をした老人だった。

理解不能な状況に、唖然としていると……。

「あ、これはこれは、どうも。

ユカさん、わたくしが見えるようになったのですね。

前からこの家に住んでおりましたが、改めて自己紹介をしておきましょうか。

わたくしは、貧乏神でございます」

どういうことだ。バラ色の人生がこれから始まるはずの私の前に、なぜ貧乏神と名乗る胡散《うさん》くさい老人がいるのだ。

しかも私の名前まで知っているのがとてつもなく嫌な感じだ。

「あっ、そういえば座敷わらしはどこ？」

突然のことに状況が飲み込めなかった私だが、ふと我に返ってあたりを見渡す。

だが、さっきまでいたはずの座敷わらしが見当たらない。

キョロキョロと必死で探していると、どこからともなく声が聞こえてきた。

「キャハハハッ！　望み通り、おじちゃんを見えるようにしてあげたよ！　これからおじちゃんに、いっぱい相談してね〜！　バイバ〜イ！」

「えっ⁉　何々⁉　意味がわかんない！　待って〜‼」

そう叫ぶのも虚しく、座敷わらしはそのまま見えなくなってしまった。

その代わりに目の前にいるのは、貧乏神と名乗る老人だ。

ハッピーエンドを迎える間際に、再びどん底に突き落とされた私は、その場に崩れ落ちた。やはり人生は、そんなに甘くないのだ……。

「ほっほっほっ。何を落ち込んでいらっしゃるのです。喜んでください。

わたくしはあなたの望みを叶えられる存在なのですから」

不気味な笑みを浮かべながら、老人は自信たっぷりに語りかけてくる。

その声に腹が立った私は、老人に言いかえした。

「あなた、本当に貧乏神なの？　貧乏神って、人を不幸に導く神様でしょ？

私は不幸になんてなりたくないの‼」

「ほっほっほっ。何をおっしゃいます。あなたはご自身で、確かにこう言っていたじゃないですか。『もう、この際、世界一不幸になってやる！』と。

その強い決意に心打たれたわたくしが、あなたの望みを叶えるために、その頃からここに住みはじめたのです。

それにしても、この家は居心地が良すぎてたまりませんねぇ」

私は唖然とした。確かに心の中で、世界一不幸になるとは言った気がする。

だがそれはまあ、冗談というか、やけくそ気味というか、とにかく本心でそんなことは思っていない……はずだったのだが……。

「さあ、不安な顔をしてないで、どうぞご安心なさい。

わたくしがこれから、あなたを一直線に不幸へと導いて差し上げますから」

安心して一直線に不幸へ向かうとはどういうことだ。

状況が飲み込めないまま、私は呆然とした。

「最悪……もうダメだ……」

ぬか喜びもいいところ。

さっきまで昂ぶっていた気持ちも一気に冷めて力が抜けていく。

「このまま私は貧乏神に導かれて、不幸のどん底へ行くんだ……」

そう呟いた次の瞬間。

(待てよ……。貧乏神の言うことを聞いたら、確実に不幸になれる。

ということは、その逆のことをすれば、不幸から脱出できるのかも……?)

私のあまのじゃくな性格が、そんなひらめきを浮かびあがらせた。

「あなたの言うことを聞いたら、世界一不幸になれるのね?」

「そうですとも。間違いなく、あなたを世界一不幸に導いて差し上げます。

そこに嘘偽りは一切ありません」

その言葉を聞いて、私は少しだけ希望を持つようになった。

世界一不幸になる教えの真逆を行えば、世界一幸せに向かう可能性があるのだから。

「ね、ねえ、貧乏神さん。私はどれくらいの期間で、世界一不幸になれるの？」

「それはもう、あなたの努力次第で、いかようにも早く不幸へと誘えます。

ただ、厄介なことに、今結界が張ってありましてねぇ。

見えていないかもしれませんが、座敷わらしがまだこの家にいるのですよ。

その間はわたくしの能力も半減しますので、少しもどかしく感じるかもしれませんが、その結界も3週間くらいあれば消えると思います。

そこからは最短で、ジェットコースターのようにあなたを不幸のどん底に導いて差し上げますよ。どうぞご安心ください」

何気なく聞いた質問だったが、意外な事実も判明した。

まだ座敷わらしはこの家にいるのだ。しかも友人が張った結界のおかげで、3週間ぐらいは家から出て行けないらしい。

どこかに座敷わらしがいてくれる、それが私の心にさらに火をつけた。

「貧乏神さん、私これから頑張って一生懸命不幸になるから、できるだけ詳しくレクチャーしてくれるかな？」

「もちろんですとも。本当に素晴らしい意気込みですね。

あなたは貧乏神界のスターですよ。これほどまで素直に不幸になりたいと願う人間に、わたくしは出会ったことがありません。

さあ、これから不幸のどん底への旅を、一緒に楽しんでいきましょう」

貧乏神界のスター……。まったくもって嬉しくない称号だ。

しかし、そのことで落ち込んでいる暇はない。私に残された期間は3週間。この間にできるだけ貧乏神に不幸になる方法を聞いて「その逆を実行する」、これが今の私が幸せになるための唯一の可能性なのだ。

「絶対に、私は幸せになる！」

私は心でそう強く願って、貧乏神との生活を受け入れることにした。

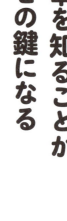

ここまでの解説

不幸を知ることが幸せの鍵になる

座敷わらしが来て幸せになれると思った矢先に、貧乏神との入れ替わりが起きる結果に。そう簡単に幸せになれるなら誰も苦労しません。主人公のユカさんも冒頭からそんな現実を突きつけられることになってしまいました。

僕は空間心理カウンセラーとして活動する中で、このユカさんのように「幸せになりたい！」と願いながら、自己啓発セミナーや様々な勉強に何百万円、あるいは1千万円以上もお金をかけて自己投資をしてきたという方のご相談を数多く受けてきました。

そういった方々ほど、部屋に物があふれて荒れる状態になり、望み通りのお金がやってくることもなく、逆に借金で苦しむ結果になっている……そんな実例もたくさん見てきました。

もちろん、自己投資が悪い訳ではありません。

自己投資をしてうまくいく人と、うまくいかない人には明確な違いがあるのです。それは何でしょう。

まずは、それが成功に直結することではないことを知っているかどうか、ということ。さらに、

「自分にとって何が不幸なのかを明確に理解しているかどうか」

です。実は「自分にとっての幸せ」を知ること以上に、「何が自分にとって不幸なのか」を明確にできているかどうか、ここがあなたにとっての**本当の幸せを導き出すためのベース**になるので大変重要なのですが、多くの方々はあまりこのことについて考えていません。

これがいわゆる盲点なのです。

人間には本来、「安全でいたい」という本能が備わっています。そして自分が安全でいるために、「危険を回避する」という行動を取るのが、

人間の根源的な行動原理です。
例えば、次の2つの質問についてイメージしてみてください。

①今日中に片づけをすれば100万円をプレゼントします。
②今日中に片づけをしなければ100万円損します。

この2つに対して、どちらのほうが行動に火がつくと思いますか？
①はリスクがなく、やればメリットがあるという状態。
②はやらなければ確実にリスクが生まれるという状態。
この2つを比較した時に、圧倒的に行動を起こしやすいのは、実はリスクがある②なのです。
このリスク回避の原則をいい意味で利用していくことができれば、加速的に現実を変えていくことも可能になります。

物語では、ユカさんは意を決し、貧乏神から「不幸になる方法」を聞き出して「その逆を実行する」、という発想に切り替えることに決めました。

この**「不幸から逆算して、幸せを導き出す」**という発想こそが、**最も確実で現実的な成功法則**なのです。

リスクを回避することが人間の本質であることを念頭に置きながら、貧乏神と織り成すユカさんのこれからの展開を、ぜひ注意深く一緒に考察していきましょう。

そのプロセスの中できっと、あなたの現状をより良い方向へ導く気づきが、自然に生まれてくるはずです。

「貧乏神界のスター」と呼ばれて

今まで自分なりに頑張って生きてきたつもりだった。そんな私に初めてスポットライトが当たったのが、「貧乏神界のスター」という皮肉な称号だった。

ただ、「世界一不幸になってやる！」と、やけくそで自分に言い聞かせていたことについては、ある意味成功してしまったのかもしれない。

笑えない現実を目の前にしながらも、私は貧乏神界のスターらしく、開き直って貧乏神の教えに耳を傾けることにした。

「ねえ、貧乏神先生、最短で不幸になるために、私は何を心がけたらいいの？」

「ああ、なんてことでしょう。貧乏神先生だなんて呼ばれたことは、今まで一度もありませんでした。ユカさん、あなたはなんと素晴らしい人なのでしょうか。

あなたのような逸材を幸せにしてしまうのは本当にもったいないことです。今から私の言うことを、徹底して守り抜いてくださいね」

不本意ではあるが、素晴らしい人と褒められることに関しては、今まで言われたことがない言葉だったので、何気に嬉しくなった。

「それではまず、あなたがすでにできているところから見ていきましょうか」

そう言うと貧乏神は、私を玄関へと連れて行った。

「さあ、見てください。この玄関が素晴らしいのです。まず、幸せが入り込めない鉄壁の防御が施されていると言えるでしょう。

玄関に散乱している靴もさることながら、山積みになって靴箱に無理やり押し込まれている窮屈感。

その上、爽やかな空気の通り道であるのはずの玄関が、湿気にあふれて靴にカビが生えているものが沢山あるのも、ここまで来たら芸術です。

五感の中で最も脳に影響力がある感覚は、『視覚』です。あなたの玄関は視覚的に、最も不幸を感じさせてくれる状態になっているのです。私もこの玄関は大好きな環境ですので、引き続き、このままを維持するように努めてください」

今の状態が当たり前すぎて感覚が鈍っていたが、貧乏神に言われたことで、改めて尋常な状態ではないことに気づいた。

「貧乏神先生、ありがとう。とてもわかりやすかったわ……。

ほかにも玄関と同じように、維持したほうがいい場所はある？」

「ありますとも、ありますとも。さあ、次の場所へと移動していきましょう！」

これまた不本意ではあるが、嬉々として部屋を案内する貧乏神の目は、より輝きを増しているように感じられた。次に案内されたのは、私の部屋だった。

「さあ、ご自分の部屋を見てください。この足の踏み場もない荷物の山を！　一歩間違えればすぐに土砂崩れが起きてしまいそうな、無作為に積み重ねられた荷物の山、山、山！

その荷物の山のせいで窓もふさがれ換気ができない状態であることも素晴らしい。あなたの家は基本的に窓を開ける余地がなく、空気の循環がないからこそ、負のエネルギーを外に漏らすことなく家の中に留めておくことに成功しているのです。

また、お気づきだとは思いますが、空気の循環がなく湿気やホコリにまみれているので、部屋にただならぬ異臭が放たれている所もさすがです。

『嗅覚』は、五感の中で2番目に影響力があると言われている器官です。その嗅覚でも不幸を存分に味わえる状況を立派に作り出しているご自身を、ぜひ褒めてあげてください」

そういえば前に仲間たちが家に来た時にも、臭いについての不快感を切実に訴えかけていたな……。

「そうそう、1つ言い忘れておりましたが、換気は幸せを呼び込んでしまう危険な行為です。今のまま、窓は徹底的に開けないようにすることと、換気扇もできるだけ回さないようにしてください。

あ、それと、あなたのダメ夫にも注意が必要でしょう」

「それって、どういうこと？」

自分で夫のことを悪く言うのはいいのだが、貧乏神に言われるとムッとする。

「あのダメ夫が、とても危険なのです。

今回、座敷わらしが家に入ってきたのも、元をたどればあなたのダメ夫、ヒロキの責任ですよ。あのダメ夫が2階の窓を開けて換気していたから、その隙に座敷わらしが入り込んできてしまったのです。ましてや、座敷わらしの大好物のべっこう飴を持っているなんて……。もう、最悪ですよねぇ。

座敷わらしは遊びが大好きなので、あなたのダメ夫が持ち合わせている余計な遊び心が、幸せを呼び寄せる一番の天敵です。

ダメ夫が帰ってきたら、いつも以上に全力で罵ってあげてください。遊び心を根本からへし折るのです。

『だからあなたはいつもダメなのよ！』ときつく言い聞かせてあげるといいでしょう。男は愛する人に否定されることが一番傷つくことですからね。

今まで以上に否定してあげると、今まで以上に稼ぎも悪くなって、どんどん貧しくなれますから。ヒッヒッヒッ……」


その言葉を聞いて、私は衝撃を受けた。

なぜなら、稼ぎが悪く、お金に困る今の不幸な状況を生み出している元凶は、夫だと思っていたからだ。

でも、その不幸の源だと思っていた夫が、

座敷わらしを呼び込むきっかけを作ってくれていたのか……。

そのことに気づかされた私は、少し彼を見直す気持ちになった。それと同時に、いつも夫を否定的に見ていた私自身にも、不幸を生み出す原因があったのかもしれないと、初めてほんの少し反省の気持ちが生まれた。

「貧乏神先生、あ、ありがとう。ほかに、意識したほうがいいことはある？」

「もちろん、たくさんありますとも。

今日のところはあと1つ、とても大切なポイントをご説明いたしましょう」

そういうと貧乏神は、リビングへと向かっていった。

「さあ、この家のリビングを見てください。

テーブルにも物があふれていて、ゆっくりと食事をする場所もないでしょう。

貧しさの基本法則は『人とのかかわりが薄い』という部分にあります。

ダメ夫とのかかわりも希薄になりやすいこのリビング。

そして、あなたの部屋全体に言えることですが、身動きが取れない状況が増えることで、気力はどんどん失われていきます。

そうなると自分の狭い価値観だけに偏り、他者とのかかわりをどんどん避けるよう

になって、外部との関係性を断つ孤立状態が生まれていくでしょう。『宝は他から』という言葉がありますが、豊かさは他人とのかかわりによって見出されていくものですから注意が必要です。

この前家に来たあなたの仲間も、『もうこの家には絶対に来たくない！』と思ってくれていることでしょう。

この調子で人とのかかわりが薄くなる状態を維持してください。あなたは、わたくしとかかわってさえいれば、それで万事うまくいきますから。ヒッヒッヒッ……」

貧乏神の言葉が、グサグサと心に突き刺さる。

確かに私は、他人に対して「あなたたちには、私の気持ちなんてわかるはずがない！」と、どこかでそんな想いを抱きながら、常に壁を作っていたからだ。

例え純粋な親切心でかかわってくれた人に対しても、「絶対に何か裏があるはずだわ」と、無意識のうちに疑いの目で見ていることが多かった。

「あ、ありがとう、何だか、とても大切なことばかり教えてもらえた気がするわ……」

「いえいえ、お礼には及びません。わたくしの教えであなたが今よりもっと不幸にな

る手助けができるなら、それだけでわたくしは満足ですから。それでは、今日のレッスンはこの辺りにしておきましょうか」

そういうと貧乏神は、私の部屋へと向かっていった。後ろからついて行ってみると、物に埋もれた私の部屋の押入れに入り込んでいく。そういえばもうあの押入れは、何年も開けた記憶がない。

「あいつ、あそこに住みついていたのか……」

貧乏神が私の部屋の押入れにずっといたことを想像すると、なんだかやるせない気持ちになった。

ここまでの解説

貧乏神が取りつく部屋の3つの特徴

あなたは幸せを意識するあまりに、不幸な感覚になることはありませんか？　実は、幸せな理想を思い描けば思い描くほど、「それが実現できていない自分」を感じやすくなるのです。

つまり、頭では幸せを目指しているようで、**常に意識は不幸に焦点が当たっているということ。**人は無意識のうちに、表面的な欲求の反対側に意識を向けてしまうものなのです。

だから、例えばいくらあなたが「お金持ちになりたい」と願っていたとしても、同時に「お金がないことへの不安や恐れ」に意識が向き続けて日々を過ごしている可能性が高いということです。

そうやって幸せを願いつつ、不安や恐れを常に感じながら過ごしていても、物事がうまくいくはずがありません。

今の現実を変えるために最初に取り組むべきことは、意識の方向性を整えていくということなのです。欲求を叶えるための鍵は、常に**あなたの欲求の反対側にある**のです。

そのことをより理解するのに、まずは貧乏神の「不幸になるための教え」を整理してみましょう。先ほどまでの物語から、不幸になるためには、3つのポイントがあることが見えてきます。

不幸になるための貧乏神の教え

①視覚的に不幸を感じやすい状態を維持する
②嗅覚的に不幸を感じやすい状態を維持する
③人とのかかわりが薄くなる環境を維持する

不幸になるための貧乏神の教え

①視覚的に不幸を感じやすい状態を維持する

人間は視覚的なイメージを参照して、自分に取り入れていく性質があります。「学ぶ」の語源は「真似ぶ」から来ているとも言われているように、人間は真似をして成長する生き物なのです。

ユカさんはこれまで自己啓発セミナーに沢山通うも、上手くいかない日々を過ごしていました。

というのも、外で言語的に幸せになるための良いことを学んだとしても、帰ってくると家の中の視覚イメージの方が優先されてしまい、「私は不幸な状態で過ごしている」と、常に認識して過ごしていたのです。

そういった**イメージからの認識の連続が、不幸な状態に意識が向きやすくなる視点を形成していきますので、**幸せになるためには、「視覚的に幸せを感じやすい環境を作る」ということに意識を向けた方が効果的なのです。

ですから片づけも、「きれいにしていなきゃ」という発想ではなく、「視覚的にあなたが幸せを感じやすい環境を作る」という意識に変えて捉えてみると良いでしょう。

そのためにも、部屋の中でも最初から幸せを目指すのではなく、「あえて不幸に焦点を当てる」ということを、意識してみてください。

「この状況はどう考えても、不幸な感覚しかしないよね」と、ご自身で視覚的に感じる状況があるなら、その状況を反転させて、幸せを感じられる状態に切り替えていく。そうやって不幸なイメージを幸せなイメージに変えていくことを大切にしてみてください。

そのための練習として、次の質問に答えてみましょう。

Q あなたの部屋で、不幸なイメージを感じる場所はどこですか？

Q どうすればその場所が、幸せなイメージに切り替わりますか？

②嗅覚的に不幸を感じやすい状態を維持する

視覚に続いて敏感な感覚が「嗅覚」。「部屋がきれいになったらアロマでも焚こうかな」とは思っても、部屋をきれいにするために匂いを活用しよう、という方はあまりいないかもしれません。

でも、実はこの嗅覚的な部分からアプローチしていくことは、片づけに対するモチベーションを飛躍的に高めてくれるのです。

例えば、食べ物について少しイメージしてください。

美味しいものを食べに行こうと思っても、頭で考えるとなかなか決断できないもの。でも、商店街を歩いている最中で、「なんだかすごく、美味しい匂いがする……」と匂いにつられてお店に入った経験がある人も少なくないのではないでしょうか。

匂いで美味しいと判断すれば、そこに向けて自然に行動を起こすようになります。さらに、匂いで美味しいと思ったものは、実際に食べてみても美味しいものです。

ここでのポイントは、人間は本能的に「嗅覚で感じる情報は、限りなく正しいものである」と認識しているということです。

人間は不快に感じる匂いがあると、そこから瞬間的に悪いイメージを連想していきます。逆に、良い匂いを感じると、良いイメージの発想しか浮かばないのです。

さらに、「いい香りがするのに、部屋が荒れている。これは、おかしい」となると、**脳は目の前に矛盾が現れた時に、より良い方向へと矛盾を修正しようとします。**つまり、自然にいい香りに相応しい環境にしたくなってくるのです。

あなたが幸せなイメージを連想できる香りを、一度意識してみてください。

③人とのかかわりが薄くなる環境を維持する

貧乏神が身を隠すように押入れに住んでいるように、人間にとっての不幸を最も象徴する事柄が「かかわりが薄くなる」ということです。

人間関係の悩みをひも解いていくと、ほとんどが日々のコミュニケーションでのかかわり合いが薄くなっていることにつながります。

人は自分の殻に閉じこもってしまうと、どうしてもネガティブな想像をしてしまうものです。その状態が続くと、人生や生きること、他者との関係性において否定的な観念が強くなってしまうのです。

部屋に収拾がつかないくらいの物があるという状態も、角度を変えて見ると、1つ1つの物とのかかわりが薄い状態であると言えます。

「持っているけど、ちゃんと活かせていない」

「買ったけど、押入れに入れっぱなし」

というような物とのかかわり方は、広く浅く人と付き合うけれど、深く本音を話し合える人間関係が作れないような、希薄なコミュニケーションパターンに現れているケースも少なくありません。

物にあふれた環境で過ごすということは、同時に1つ1つの物とのかかわりが物理的にも薄くなる状態にあることを意味します。逆に言うと、1つ1つの物を大切に扱おうと思ったら、それほど多くの物とはかかわれないのです。

お金は信用の象徴とも言われていますが、信用はいきなり生まれるものではなく、日々のかかわり方によって形成されるものです。

何事においても、かかわりが薄くなることは、同時に信用が薄くなっていくことを意味します。

そこを踏まえた上で、物を捨てることを考えるのではなく、**「物とのかかわり方を見直す」**という意識で、部屋にあるものを見直してみましょう。

モノにあふれた部屋

貧乏神が押入れに戻っていったのを確認した私は、まず自分の頭の中の整理をした。

「えーっと……。不幸になるためには、視覚的・嗅覚的に不幸を感じやすい状態を維持して、人とのかかわり合いが希薄になる部屋にする、だったっけ」

不幸になるための要点をまとめた後、私はその反対を考えてみた。

「まずは、視覚的に幸せを感じやすくすることから取り組んでみようかな。

それにしても、玄関のカビの生えた靴は我ながらひどいな……。

もう、袋にまとめて、すぐに捨てよう。あ、ちょっと換気もしよっと」

そうやって玄関を開けて換気しながら、見るからに必要がない靴を処分するためにまとめていった。

「やるのが億劫だったけど、やってみたら意外と短時間でまとめられた！」

作業は、なんと15分ほどで完了した。意外とあっという間だ。

少しやってみたことで勢いがついた私は、さらに自分の部屋へ向かうことにした。

「それにしても、この物にあふれた部屋はヤバいなぁ。我ながらよくここまで物を溜め込んだもんだ。この部屋を見て幸せを感じられるわけがないよね……」

改めて見る私の部屋は、行き場のないものであふれかえっていた。

その中でも特に目立っていたのは、沢山の本。本棚に入りきらない本が床のあちこちで山積みになっている。

「この本、どうにかしたいんだけどなぁ……。捨てられないんだよね……」

そうやって何もできずに途方に暮れていた私だったが、本の山を眺めていると、1冊の本が目に留まった。

「あっこれ、懐かしい！　やっぱり、今見てもいいな」

私が手に取ったその本は、3年ぐらい前に購入した写真集。

壮大に広がる大自然をテーマにした、大好きな写真家のものだった。

「そういえば、この場所にずっと行ってみたいと思ってたんだよね」

思い返してみると私は、自然風景の写真集を見ながら、興味がある場所に旅行するのが趣味だった。でもここ数年は、仕事や学びに忙殺されて、単純な趣味を満喫する時間はなかったことに気づいた。

そして次の瞬間、私は貧乏神のある言葉を思い出した。

「そういえば貧乏神が、『余計な遊び心が、幸せを呼び寄せる一番の天敵』って、言ってたよね。なんか近頃の私、全然遊び心がなくなってたかもしれないな……」

私はしばらく写真集を眺めながら、静かにこれまでの自分を振り返っていた。

「そういえば、写真集って、私どれだけ持ってたのかな……。

そうだ、ちょっと探してみよう！」

久しぶりに自分の趣味を思い出したことで意欲が出てきたのか、私は自分の部屋に散乱している本の中から、写真集だけを探し出すことにした。

本棚にひしめく本以外にも、床に散乱している本もある。そして本以外の物にもあふれているので、きっと埋まっている本もあるはずだ。

「しかし、ひどい状態だなぁ。まあ、宝探しだと思いながらやってみるか！」

そうして私は埋もれた物の山の中から、写真集だけを集めていくことにした。

「ふぅ……。やっと終わった。でも、意外と早いな。実質30分くらいの作業か……」

ひとしきり写真集を集めてみると、３００冊ぐらいあるであろう本の中から、趣味の写真集はたった13冊しかないことがわかった。

それ以外は、ほとんどが自己啓発や成功哲学、投資やお金持ちになる方法などで、私の遊び心がくすぐられるものではない本ばかりが、本のほとんどを占めていることにも気づいた。

「もったいないと思って捨てられなかったけど、もういらないかも。古本屋さんに、全部引き取ってもらおうかな。

ちょっとぐらいはお金になるだろうし、それだけでだいぶ物も減るよね」

思い立ったが吉日。私は、すぐにネットで引き取ってくれそうな古本屋さんを調べてみた。すると、わざわざ自分で持っていかなくても、家まで本を引き取りに来てくれる業者があることがわかった。

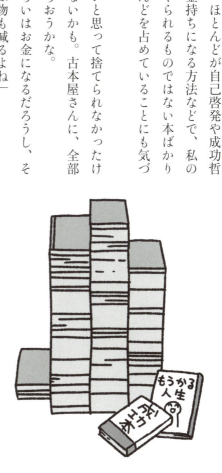

「段ボールに入れておくだけで持って行ってくれるなんて、意外とラクなんだな〜。もうこの際、写真集以外の本は、思い切って手放してみよっと！」

不幸中の幸いというのか、私の部屋には空の段ボールが沢山あった。ネット通販で衝動買いした商品の段ボールを、処分せずにそのまま放置していたからだ。

空の段ボールも減り、本もスッキリする。一石二鳥かもしれない。

そうと決めたら、私は13冊の写真集だけを残して、それ以外の本を何も考えずに段ボールへ詰め込んでいくことにした。

「何も考えないで詰め込む作業って、結構楽しいかも！」

そうして本が減ると同時に、スペースが空いていく。それを見ることで、久しぶりに片づけをしている実感が生まれていった。そして作業は思いの外サクサクと進み、気がつけば1時間もかからずに段ボールに詰め込むことができた。

「うわぁー、本を詰めただけなのに、部屋にスペースが結構できた！

なんだか、嬉しいなぁ！」

本を詰め込み終わったことで小さな達成感を得られた私は、休憩して一息つくことにした。

「リビングで、紅茶でも入れて休憩しよ……って、テーブルも物の山じゃん!!」

そういえば紅茶を入れることも久しぶりだし、そもそも、ここしばらくはリビングで食事をしたりくつろいだりすることはほとんどなかった。

夫のヒロキも仕事の帰りがいつも遅いので、食事は外で食べるか、家で食べる時は簡単なお弁当を買ってきて、1人で食べることがほとんどだった。

「とりあえず、リビングテーブルの荷物だけどけておくか……」

今から片づけるのは少し億劫だったので、さっき何も考えずに本を段ボールに詰めていったのと同じ要領で、リビングテーブルの荷物を段ボールに入れ、部屋の脇に一旦仮置きすることに。

「テーブルの上がスッキリするだけで、すごく気持ちいいなぁ。

こんな状態で紅茶をゆっくり飲むなんて、何年ぶりかな……。

今まで外で目まぐるしく過ごしていたけど、こうして家の中でただのんびり過ごすのも心が落ち着いていいもんだなぁ。

まあ、強いて望むなら、ここにスイーツがあれば最高なんだけどね……」

そう思いながらくつろいでいると、玄関のチャイムが鳴る。

「ただいまー」

ヒロキが仕事から帰ってきた。片づけに夢中になっていて気づかなかったが、もうそんな時間だったのか。リビングに入ってくるなり、ヒロキは、

「なんだか玄関がスッキリしたね！」

と興奮気味に言う。

「今日は色々あって疲れたから、気分転換にケーキ買ってきたんだけど……っていうか、テーブルも片づいてるじゃん！　ここで一緒に食べよっか！」

夫のこんな明るい表情を見たのは、いつぶりだろう。

お互いいつも疲れて帰ってきて、あまり会話することもなく眠りにつく。

そんな毎日だった。

「うん。一緒に食べよ。ちょうどケーキが食べたいなって、思ってたんだよね。

……ありがとう」

ヒロキの気が利いた心遣いが、素直に嬉しかった。切り詰めた生活をしていることもあるからか、いつもは100円でもケチるような夫だからなおさらだ。

「なんだか、ありがとうって言われたの、久しぶりだなぁ。ケーキなんか買って、内

心また怒られるかと思ってたよ。なんだか今日は少し、雰囲気が違うね」

その言葉を聞いて、ハッとした。そういえば、今までもケーキを買ってきてくれていたり、ささやかなプレゼントを持ち帰ってくれていたことはあったのだ。

でも、お金に困っているという現実があるからか、いつも、

「なんでそんな無駄遣いするの！」

「甲斐性もないのに、余計なことしないで！」

と、私はヒロキの心遣いをことごとく踏みにじっていた。

「男は愛する人に否定されることが一番傷つくことですからね」

貧乏神の不幸の教えが、私の頭をよぎる。その時……。

「うわぁー！　ここ、きれいになってる！　気持ちいい〜!!」

玄関の方から、座敷わらしと思われる声が聞こえてきた。思わず私は立ち上がり、玄関へと走っていく。しかし、そこには誰もいなかった。

「急に玄関に行って、どうしたの？」

「あ……と、なんだか今、玄関で声がしたような気がして」

「え？　何も聞こえなかったよ。今日は頑張って掃除してくれたから疲れたんじゃない？

それにしても、きれいな部屋のおかげで、本当に気持ちが楽になったなあ……。また明日から頑張ろうと思えたよ。ありがとう。今日はゆっくり休んでね」

くつろいだ後にケーキを食べて気持ちがほぐれていたからか、そんなヒロキの言葉がやけに心に染みて、涙がこみ上げてきた。

そしてその瞬間、私は確かに、小さな幸せを感じていた。

第2章
世界一不幸になれる！
貧乏神の教え

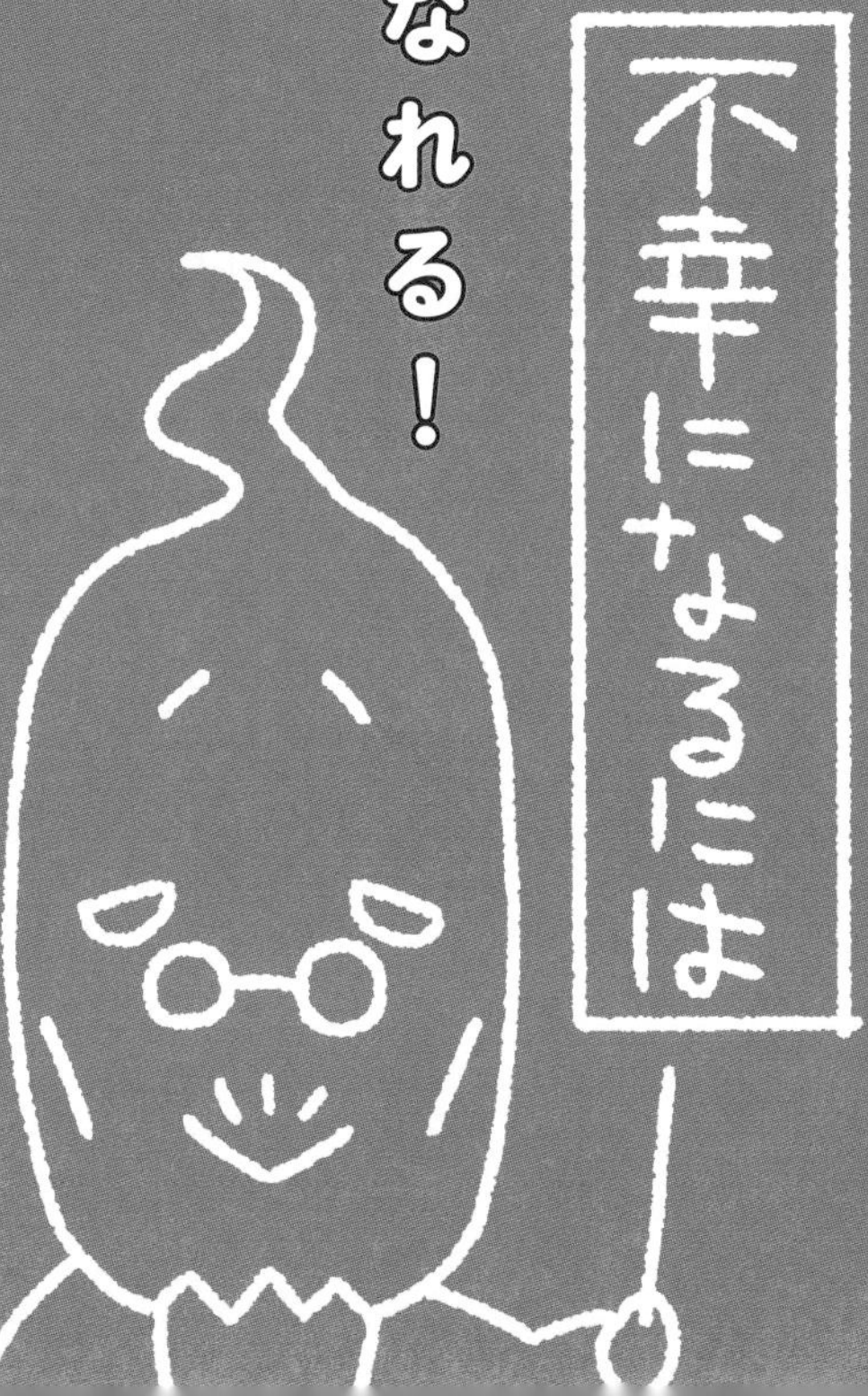

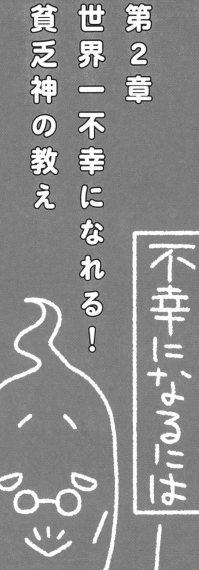

貧乏神先生の「ビンボー思考」講座

貧乏神が押入れに入ってから3日が経ったが、あれ以来貧乏神は私の前に姿を現していない。その間に、古本屋がすぐに本を引き取りに来てくれて段ボールも片づき、少しだけ物が減ってスッキリしていた。

ただ、まだまだ部屋には物があふれていて、幸せを感じる状況には程遠い。

でも貧乏神の教えの逆を行くことで、何かが変わって来ている実感はあった。

「おや、何だか物が減りましたか？」

いきなり後ろから声が聞こえたと思って振り返ると、そこに貧乏神がいた。

「あっ、貧乏神先生、いらしていたのですね。

しばらく見なかったので、どこに行ったのかと心配していたんですよ」

何の気配もなく現れた貧乏神に、とっさにしらじらしい言葉が出た。

「ご心配には及びません。わたくしは元来あまり動かないのが特徴でして、一度押入れに入ったら3日は休まないといけないのです。

そうそう、これも不幸になるための基本中の基本の項目です。『動かない。何もしない』これに尽きますね。あなたも、その方が楽ではありませんか？

……それはそうと、なんだか少し片づいているようですが、これはいけませんねぇ。直ちに物を増やして頂かないと困ります。これでは不幸が遠ざかってしまいますよ」

不幸が遠ざかる。これは、喜ぶべきことだ。やはり、貧乏神の教えの逆を行くことは、人生を好転させるきっかけになるのかもしれない。

そのことを実感した私は、貧乏神からもっと不幸になる方法を引き出したくなった。

「貧乏神先生、わかりました。もっと物を増やすようにするね。

じゃあ、今日もまた不幸になる方法を教えてくれる？」

「ダメです。まずは先に物を増やしてからですね。

ちゃんと1つ1つ教えを守って頂かないと、次を教えることはできません」

出だし良くスタートしたと思ったら、いきなり壁がやってきた。

貧乏神の教えの逆を行くことは、どうしても貧乏神の教えに逆らうことになる。

「うつむいて何を暗い顔をしているのです。わたくしは難しいことは何も言っていませんよ。今まで通りのあなたのままでいれば、それだけでいいのですから。

片づけをするなんて、そもそもあなたらしくないのです。今まで通り生きていれば、間違いなく不幸になれるのですから、無理はしなくても良いのですよ」

その言葉を聞いて、ハッとなった。

「貧乏神先生、ごめんなさい。実は悩んでいることがあって……。

貧乏神先生が見えるようになる前に、座敷わらしがいたでしょ？　私、その時はこれで幸せになれると思って、有頂天《うちょうてん》になっていたの。でも、フタを開けてみたら目の前には貧乏神先生がいて。その時は、もう立ち上がれないほどショックだったのが正直な気

持ちだった。でも、そこから自分に素直になって貧乏神先生の教えに従おうと思って不幸になるために過ごしていたら、逆になんだか心が幸せな感覚になってきてるの」

「それはいけませんねぇ……。わたくしとしたことが、盲点に気づきました。あなたは本当に素晴らしい人です。自ら不幸になりたいと思っているのですから。でも、不幸になりたいと思っている人間が不幸に向かうことは、心と現実になんら矛盾が生まれていない、そこが大問題なのです。

人間は心と現実の状態に矛盾がない時に、幸福感を味わってしまいますからねぇ。現実と心の状態が矛盾することは、不幸には欠かせないことなのです。これは、困りましたねぇ……。人間は本当に厄介な生き物です」

そう話す貧乏神の言葉を聞いて、私にある考えが生まれた。

「貧乏神先生、今の話で自分が理解できたわ。今までの私は幸せになりたいと心で思いながらも、現実生活では不幸を感じるような状況だった。その矛盾が心をどんどん貧しくしてくれていたのね。でも今は自分で不幸を目指して、不幸な現実が目の前にあるから、心と現実に矛盾がなくなったことで、逆に充実感が出てきてしまっていた。

そう考えると、今の私は不幸になりたいと思っているから、逆に幸せを感じる状況を作ることが、今の私にとっての心と現実に矛盾をつくることになるんじゃないかな？　そのことを私もなんとなく感じていたから、無意識で少し片づけちゃったのかもしれないよね」

思い返してみると、不幸を遠ざけて幸せになりたいと思っていた時は、いつも焦りを感じていた。でも、ここ数日はそんな感覚がないのは、心と現実に矛盾がなくなってきているからだろうか。

「確かに、そうですねぇ。あなたの言うことには一理あります。では、まずは不幸を感じる心づくりを大切にしていきましょう。ただし、わたくしの住処の押入れには絶対に手出しをしないでください。その周辺も片づけてはいけません。そんなことをしたら、わたくしはここに居られなくなるので、あなたにレクチャーすることもできなくなってしまいますからねぇ」

押入れを片づけたら、貧乏神はここに居られなくなる。思いがけず、貧乏神を追い出す方法が早くも見つかってしまった。

だが、今の私は不思議とそれをする心境にはならなかった。しばらくは、こうして貧乏神の教えを聞いていたいと思う自分がいたからだ。

最初は嫌な気分だったが、貧乏神の教えの逆を行くことで、今までずっと停滞している感覚だったものが、少なからず前に進んでいる実感がある。

何よりも、貧乏神は私のことを「あなたは最高に素晴らしい」と、常に認め続けてくれていた。社交辞令ではなく、心から私に対してそんなことを言ってくれる人は、今まで1人もいなかったかもしれない。

今まで自己投資という名の下にたくさん学んできたが、どんなセミナーの先生よりも、貧乏神は私にとって、最高の師匠かもしれないと思えていた。

「貧乏神先生、わかったわ。押入れと周りは今まで通り、先生が快適に過ごせるように散らかしたままにしておくね」

「ありがとうございます。あなたはほんとうに素直な人だ。

わたくしも一層張り切って、あなたを不幸に導いていきましょう。それでは、今日のレッスンを始めましょうか」

張り切ると言いながらも、なんとも弱々しい貧乏神の姿に思わず笑みがこぼれる。

「今日は、不幸になる思考パターンを形成するためのレクチャーをしていきます。名づけて『ビンボー思考』です。このビンボー思考をしっかりと身につければ、あ

なたもジェットコースターに乗るかのようにどん底へ急降下できます。

少しおさらいにもなりますが、先ほど話していた『心と現実の状態に矛盾を作る』ということもビンボー思考ですので、忘れないようにメモをしておいてください」

私はメモに貧乏神の言葉を記録した。同時に、すぐに逆に置き換えた言葉にも変換する。「心と現実の状態に矛盾を作る」――この逆は、心と現実の状態を一致させるということだろう。

「また、今日も改めてお伝えしていきますが、あなたはすでにできていることが沢山ありますので、今までのできているところを思い出す感覚で過ごしてくださいね。

わたくしがお伝えしていくのは、これまで通りのあなたにほんの少し、スパイスを加えるような感覚ですので」

「貧乏神先生、わかったわ。じゃあ、私がビンボー思考を身につけるために、これから何を意識したら良いのかな？」

メモ帳を片手に熱心に聞く姿勢を示している私を見ながら、貧乏神は得意げに答えていく。

「では、今日も3つのポイントで見ていきましょう。不幸になるためのビンボー思考

として大切にしていただきたいことの1つ目が、『自分が得することを考える』ということ。2つ目が、『常に正しい決断をする』ということ。3つ目が、『理屈で考えて行動する』ということです。ビンボー思考の基本の3原則でもありますので、ここは忘れずに赤線を引いてメモを取っておくと良いでしょう」

①自分が得することを考える
②常に正しい決断をする
③理屈で考えて行動する

メモを取りながらも、なぜこれが不幸につながっていくのかが、私にはいまいちピンとこなかった。

「貧乏神先生、なぜこの3つが不幸につながるのかよくわからないんだけど、もう少し詳しく説明してもらえるかな？　自分が得することを考えるって、良いことじゃないの？」

「いいでしょう。詳しく説明していきます。ちなみにこの発想は、もともとあなたが

ずっと大切にしてきたことだということは、ご理解いただいていますか？」

ご理解も何も、私はずっと自分が得することは何かを常に考えてきた。

ただそれは、不幸になるためではなく、幸せになろうと思ってのことだ。

「貧乏神先生、私は幸せになるために、自分が得することは何かを考え続けてきたんだけど、それがどうして不幸につながるの？」

「例えば、あなたは定価よりも割引された商品を買った時に、得をしたと思いはしませんか？」

「もちろん、得をしたと思うわ。だって、安く買えたんだから、どう考えてもラッキーなことだよね。それって、不幸じゃなくて、幸せなことでしょ」

貧乏神の意図が見えない私は、少し苛立ちを感じた。

「あなた側から見れば、仰る通りです。でも、商品を売る側とすれば、本来定価で販売するものを、利益を削って提供しているのです。

つまり、あなたが得をしているぶん、相手は損をしていると捉えることができる。

これについてはどう思われますか？」

確かに、そうとも受け取れる。だが、売れないよりはマシなのではないだろうか。

「先ほどのことを、少し思い出してみてください。ビンボー思考の3つのポイントの前に、『心と現実の状態に矛盾を作る』ということも不幸の原則であることをお伝えしていました。実はこの原則が、今回のことにも通じているのです。自分は得をするけど、相手は損をする。この自分と相手の状態に矛盾が生まれていることが、不幸を呼び込む最大のポイントなのです。あなたは因果応報《いんがおうほう》という言葉をご存知ですか？」

「良い行いをすれば、良い報いがあって、悪い行いをすれば、悪い報いがあるってことでしょ？　それくらいわかるわよ」

「その通りです。では、自分が得をするということをこの観点で見た時に、それは良い行いをしていると、言えることでしょうか？」

そう言われて、私は何も言葉を返せなかった。

「幸せは良い行いによって連鎖していくものです。そして良い行いとは、誰かのことを想うことで成立するものです。自分が得をすることだけを考えることは、独りよがりな発想となり、それが孤立と孤独を生み出す引き金になります。

今のあなたは、まさにこの発想で生きているので、とめどなく不幸が連鎖しているのです。ですからこのまま引き続き、その発想を大切にしてください。

間違っても、相手を想い相手が得をするようなことは、絶対に考えないでくださいね。それが幸せの連鎖を生み出してしまう、恐ろしく危険な発想となりますので」

思い返してみると、成功哲学のセミナーでも痛いほど聞いてきた言葉だったかもしれない。でも、私は知っただけで終わり、根本的には何も変わっていなかったことに気づかされた。

私は自分が得することを考えるという貧乏神の教えを反転させて、「相手が得することを積極的に考える」ということをメモに取った。

「では、次の項目についても見ていきましょうか。常に正しい決断をする。

この意味は、ご理解できていますか？

……と言っても、あなたは今まで常に正しい決断をされてきましたが」

間違った決断をすると不幸になると思っていたが、正しい決断をすることが、なぜ不幸につながるのだろう。これもまだ理解ができない。

「貧乏神先生、常に正しい決断をすれば幸せになってしまうんじゃないの？」

「あなたは、本当にそう思っているのですか？　では、逆に質問しますが、今のあなたの結果は、どんな判断の連続で生まれているものだと思われますか？」

そう聞き返されて、ギクリとした。言われてみれば、私は今まで常に正しい決断をしようと思い、そのほとんどが良かれと思って決断してきた。ただ、その時その時で最善の決断をしていたつもりが、ことごとく空回りして、今の結果に至っている。

「何も言葉が出ないということは、図星だったということでしょう。常に正しい決断をすることが不幸につながる理由は、正しい決断こそが、後悔を生み出す一番の原因になるからです。そしてその後悔こそが、未来に進めなくなる足枷《あしかせ》になりますので、不幸のためにはどんどん後悔という重い足枷をつけていきましょう」

正しい決断こそが、後悔を生み出す。確かに私は、後悔することが多いのは事実だ。そうは言っても、正しい決断のすべてが後悔につながるとは考えにくい。

「貧乏神先生、正しい決断をすることが、すべて後悔につながるとは思えないわ。まだイマイチ、このことが腑《ふ》に落ちないの」

「わかりました。では、もう少し補足しておきましょう。その前に、少し考えてみてください。正しい決断とは、何によって、正しい決断とされるのでしょうか？」

改めて問われてみると、すぐにその答えは出なかった。

しばらく黙り込んでいた私を見兼ねたのか、貧乏神はゆっくりと語り始めた。

「シンプルな問いだからこそ、意外と考えてこなかったことかもしれないですね。

正しい決断とは、『正しい結果が生まれてこそ』初めて正しい決断と定義できるものです。そして、あなたも含め多くの人間が正しい決断と思っていることは、決断した時点では、正しいかどうか『わからない』ものです。つまり、正しい決断というものは、後から生まれる結果によって決まるということです。

ここまでは、ご理解いただけますか？」

確かに、正しいと思って決断したことでも、後にうまくいけば正しかったと結論づけられるが、失敗したら間違った決断だったと言わざるをえない。

「ところで、あなたはギャンブルがお好きですか？」

何をいきなり的外れな質問をするのだろう？　少し戸惑ったが、

「私、借金はあるけど、ギャンブルはやったことがないし、賭け事は大嫌いだよ！」

実際にギャンブルが嫌いな私は、少し強めにこう言い放った。

すると貧乏神はじっと私の目を見つめながら、静かに言葉を返してきた。

「ではあなたは、自分がギャンブルをしていることに気づいていますか？」

ギャンブルをしたことがないと言っているのに、なぜそんな質問をするのだろう。

まったく理解不能だ。禅問答のようなやり取りに、私の苛立ちはピークに達していた。

「だから、ギャンブルはやったことがないって言ってるでしょ！」

「ほっほっほっ。これは失礼しました。少し嫌みな質問だったかもしれませんね。わたくしの質問の意図を、ご説明していきましょう。

あなたが今借金を抱えながら不幸への階段を順調に下り続けていける理由が、ここにあるのです。あなたはギャンブル自体はやったことがないのかもしれませんが、ギャンブルと同じような発想で生きています。

わたくしが正しい決断をオススメする理由は、正しい決断をするという発想自体が、ギャンブルに嵌り、ギャンブルで負け続ける人と同じ発想だからです。事実、あなたは人生という舞台の決断において、負け続けて今があるのではないでしょうか？」

……確かに私はこれまでの人生で、自分で決断したことが悪い結果になることが多かった。そう考えると、ギャンブルで負け続けているようなものかもしれない。

「正しい決断をしようと思った瞬間に、間違う可能性が同時に生み出されていきます。これは、ギャンブルで勝ちたいと思うと同時に、負ける可能性が生み出されていることと同じ原理です。ギャンブルで勝ち続けることが不可能なように、人生で正しい決

断を行い続けることも不可能です。でも、あなたは美しくも、その不可能を可能にしようとする決断をされ続けてきました。そしてこれからも、その考えで生きるように努めてください。間違いなく、ギャンブルで破綻する流れと同じように泥沼の人生を歩むことができますので。

ちなみにここも、『心と現実の状態に矛盾を作る』という、最初にお伝えした不幸の大原則に当てはまっています。正しい決断をしようとすることが、正しくない現実を生み出していくような、心と現実に矛盾を作る考え方でもあるのです」

私は貧乏神の話を聞きながら、胸が痛くなってきた。

いつだってその時の最善の選択、正しい決断をしているつもりだったが、現実は矛盾をはらみ、望まない結果ばかりが生まれている。その理由が明らかになったことで、これまで過ごしてきた人生は、なんだったのかと、虚しくさえなってきた。

「どうしました？　どんどん顔色が悪くなっているようですが、わたくしの話があなたの心に響いている証拠かもしれませんね。

不幸に追い打ちをかけることは、とても大切なことですので、この調子であなたの顔色がもっと悪くなるように、続けて最後のポイントをお伝えしていきましょう」

あまりのショックで忘れかけていたが、貧乏神は私を不幸へ導くことに命をかけていることを思い出した。ここで落ち込んでいる暇などないのだった。

私はメモを取り出して、「常に正しい決断をする」という言葉をメモに取った。これを反転させると、「常に間違った決断をする」ということだろうか。

イマイチ腑に落ちない言葉だが、とりあえず浮かんだその言葉をメモに書き殴って、貧乏神の次の話に耳を傾けることにした。

「さあ、では最後のポイントを詳しくお伝えしていきましょう。ビンボー思考の最後のポイントは『理屈で考えて行動する』という、あなたが最も得意とすることです。これはもう、説明するまでもないかもしれませんねぇ」

私から理屈を抜いたら、何が残るのだろう。そう思うくらい、理論理屈でこれまでの人生を生き抜いてきた自信はある。

今でこそ人生のどん底を味わっているが、こう見えて学生時代は成績優秀で、誰もが憧れるような有名大学にも現役で合格するくらいの学力を持っていた。

「貧乏神先生、理屈で考えて行動することが、なぜ不幸に直結するの？　とても理解できないわ」

「いいですねぇ。理屈で考えて行動することが不幸につながることを、理屈で理解したいと思っている。やはり期待を裏切らないお人だ。

では、その説明をする前に、あなたのダメ夫について考察していきましょう。座敷わらしがあなたの家に入り込んできたのは、ダメ夫が窓を開けていたことが原因であったとお伝えしたと思います。でも実は、それが決定的な要因ではありませんでした。あなたのダメ夫が座敷わらしの大好物である、べっこう飴を持っていたことが座敷わらしを部屋に招き入れてしまった一番の原因なのです。

理屈で考えて、あなたのダメ夫はなぜべっこう飴を持っていたのでしょうか？」

ヒロキがべっこう飴を持っていた理由？　理屈で考えても、答えは見当たらない。単に、べっこう飴が物珍しくて買ったとか、どうせ単純な理由だろう。

「彼がなぜべっこう飴を買ったのかは、残念ながら理屈ではわからないわ」

「そうでしょう。理屈で考えてもわからない。でも、その理屈を超えた部分がきっかけで、幸せを呼ぶ座敷わらしを招き入れる結果になってしまいました。

ここに、不幸と幸せの分岐点となる本質があるのです」

私の頭の中は、混乱でヒートアップ寸前だった。どうしても腑に落ちず、貧乏神の言わんとすることが理解できない。

「さて、それでは今回はこの辺りにしておきましょうか。例えあなたが今日のことを明確に理解ができなくとも、これまで通りのあなたでいれば、それで万事不幸になれますので、どうぞご安心ください」

そう言うと貧乏神は、ヨロヨロとまた押入れの中へと戻って行った。

私は消化不良で悶々としたまま、「理屈で考えて行動する」という言葉をメモに取った。これを反転させて考えてみると、「理屈で考えないで行動する」ということだろうか。メモを書き終えた後、私の中に一つ思いついたことがあった。

「あれ、よく考えてみたら、貧乏神を先生と慕って不幸になる教えを請うなんて、理屈で考えたら、絶対に誰もやらないことだよね……」

今日のことは、私の中ではまだ整理がついていない。ただ、最後の気づきで、私は今までにない何かをつかみかけているのかもしれないと感じた。

「今日、ヒロキが帰ってきたら、なぜべっこう飴を持っていたのか、聞いてみよう」

頭が満杯になった私は、紅茶で一息つきながら、彼の帰りを待つことにした。

ここまでの解説

ビンボー思考についてのアタマの整理

今回、ユカさんは貧乏神から「ビンボー思考を身につけるための頭の整理」についてレクチャーを受けました。こうして頭の中の考え方を見つめ直すことは、人生好転の肝になっています。

これまで、ユカさんがうまくいかない現実を味わい続けていたのも、うまくいく方法論ばかりにとらわれて、自分の考え方を見直すことがないままだったことが一番の要因だったのです。

僕は片づけ問題を心理的な角度からサポートしていますが、**直接的に片づけのレクチャーをしなくても、部屋がみるみる片づいていく人が後を絶ちません。**

片づかない状態が生まれているのは、実は片づけのスキルがないからではなくて、自分らしい人生を生きる上での考え方が定まっていないことが、その状況を引き起こしているケースが多いからです。

考え方が整うことで、次のような連鎖が起こっていきます。

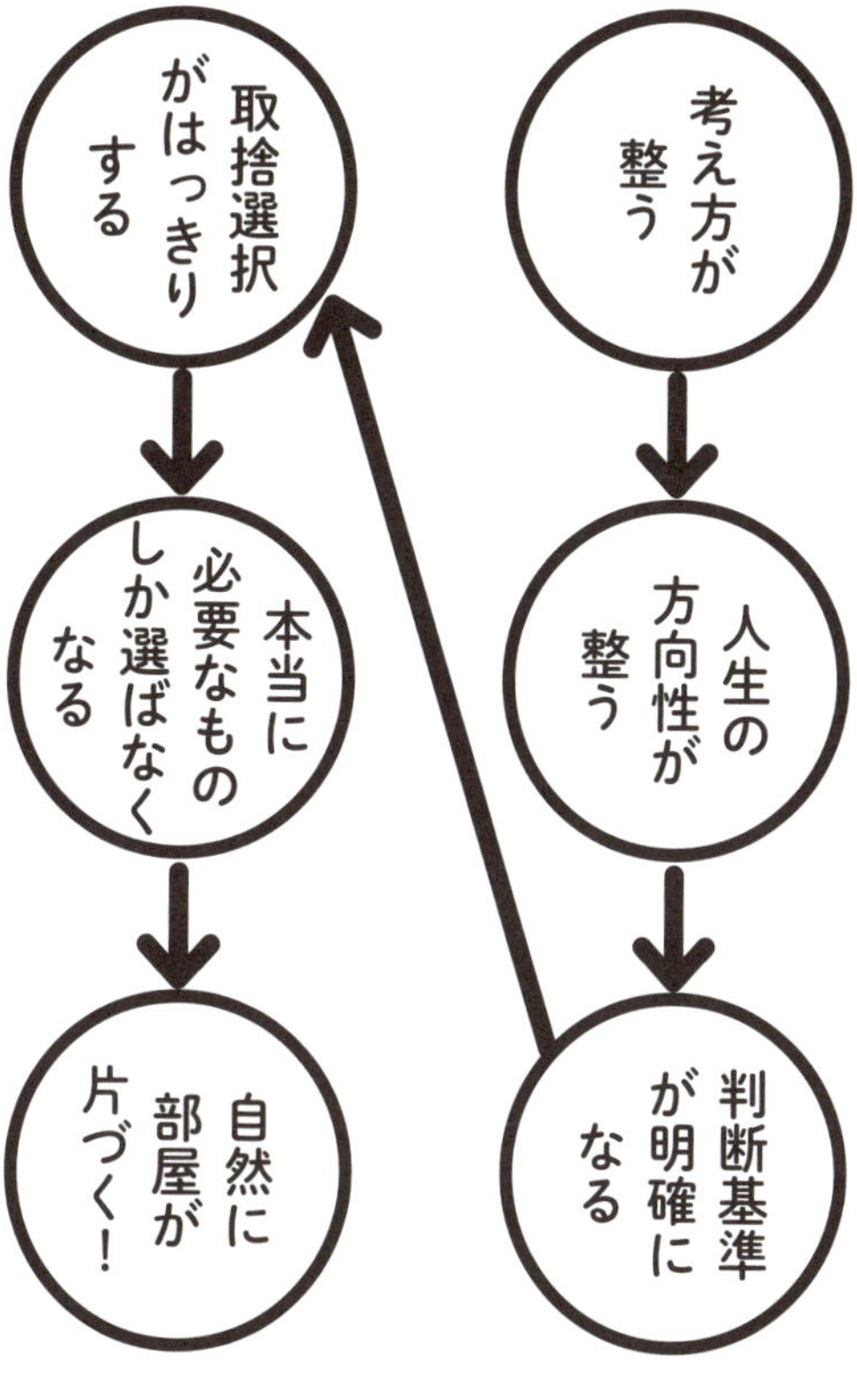
考え方が整う
人生の方向性が整う
判断基準が明確になる
取捨選択がはっきりする
本当に必要なものしか選ばなくなる
自然に部屋が片づく！

ここで少し、貧乏神のお話をおさらいしてみましょう。
ユカさんは不幸になるビンボー思考として、1つの原則と3つのポイントを教えてもらいました。

ビンボー思考の原則

心と現実の状態に矛盾を作る

ビンボー思考3つのポイント

①自分が得することを考える
②常に正しい決断をする
③理屈で考えて行動する

ビンボー思考の原則

心と現実の状態に矛盾を作る

人間には恒常性という、状態を一定に保とうとする働きがあります。

これは「元に戻そうとする働き」とも言い換えることができます。

ちなみに片づけてもリバウンドしたり、ダイエットしてもまた太ってしまったりする一番の原因も、この恒常性の働きが関係しています。

人は本来生命維持のために急激な「変化」を嫌うため、この恒常性が備わっています。今の自分から変わろうとすることは、この生命維持の観点からすると「自分の死」を意味すること。今までの自分と違う自分になるということは、本能的には自殺行為であると判断するのです。

だからこそ、生命維持を基本原則としている本能は、そうならないた

めに「これまでの自分に戻る」という引き戻し作用を発動させることで、生命をより安全な方向へと導くように働きかけていくのです。

そうして見ると、これまでユカさんが変わりたいと思いながら変われずにいたことも、実は自然なことであることがわかります。

ユカさんは貧乏神に出会うまでは、ずっと自分を変えようとし続けてきました。でも、現実は変わるどころか、どんどん悪い方向へと向かうようになっていった。これが引き戻し作用が強化されていった状態です。

でも、貧乏神と出会って不幸についての教えを受けると、なぜか徐々に現実はより良い方向へ変わるようになってきています。

その理由は、不幸を肯定することが、これまでの自分を肯定することにつながり、それが結果として、「心と現実に矛盾がない」状態を生み出すことになったからです。

現実に起こっている問題の多くは、心と現実の矛盾によって発生しているケースがほとんどです。

極端な例になりますが、例えば、あなたが「お前は馬鹿か！」と、罵《のの》しられたとしましょう。その言葉にあなたが腹を立てるのは、「私は馬鹿ではない！」と思っているから。

「現実で馬鹿と罵られたけれど、心では馬鹿ではないと思っている」、この矛盾が、ストレスと反発につながるのです。

でも、あなたが自分で馬鹿だと自覚していたとしたらどうでしょうか？「お前は馬鹿か！」と罵られても、「はい、私は馬鹿です。何をいまさら？」という形で、軽く流すこともできるかもしれません。

「馬鹿と言われたことに対して、心でも馬鹿であると認めている」、これは矛盾がない状態です。

同じやりとりであっても、そこに矛盾があるかないかで、ストレスの度合いが変わってくるのです。

ビンボー思考では「心と現実の状態に矛盾を作る」ということが、不幸の原則になっていました。角度を変えてこのことを捉えると「常に心がストレスを受ける状態を作ること」が、不幸の原則であると言えます
そのことを踏まえた上で、3つのポイントについても見ていきましょう。

ビンボー思考3つのポイント

①自分が得することを考える

商売繁盛のことわざで「損して得を取れ」という言葉がありますが、一見すると損に見えるような事柄が、後に大きな利益を生み出すことにつながった例は山ほどあります。逆に、自分が得をすることだけを考えた結果、後に大きな損をする羽目になる事例も沢山あるものです。

片づけ心理という観点から、物心共に幸せな生き方をしている人と、そうでない人の明確な考え方の違いを挙げてみましょう。

特に、部屋が物にあふれてながら、現実もうまくいかない人に多い特徴は、「メリットを先に考える」という発想で意思決定をしている、ということです。つまり、得をすることを探しているということ。

反対に、物心共に幸せな生き方をしている方々は、**「デメリットを先に考える」**という発想で意思決定をしている人が多いのです。つまり、損をしないような判断をすることで、結果的に得をするということです。

お金の使い方の面でも、部屋が片づかない状態でお金にも困っている人ほど、一攫千金を得ようとしますが、小さな損失――例えばATMでのお金の出し入れで、数百円の手数料がかかることは気にせず、頻繁に出し入れするなど――を見過ごしやすい傾向にあります。

逆に、経済的な豊かさを持つ人たちは、そうした小さな損失を見逃さずに、しっかりとお金の使い道を意識しています。

また、貧乏神も言及していましたが、自分が得をすることを先に考えることは、独りよがりな発想に陥りやすいものです。そこで、貧乏神の教えを反面教師として、より豊かな心を形成できる、次の2つの質問に答えてみてください。

Q 日常生活の中で、どんな損失があると思いますか?
(例)ATMで無駄に出し入れして手数料を払っている。
本心では行きたくない飲み会に付き合いでお金を使っている。

Q 目の前の人を喜ばせるために、何ができますか?
(例)家族が帰ってきたら、「今日もお疲れさま」とねぎらう。
目を見て、笑顔で、しっかりと相手の話を聞く。

②常に正しい決断をする

正しい決断をしよう、そして常に正しくあろうとすることが、心の不自由を生み出す「ねばならない思考」を形成する要因になるものです。

正しくあらねばならない。失敗してはならない。間違ってはならない……そうやって、しなくてはいけないことが増えていくと、心はどんどん窮屈になり、思いつく発想も貧しいものになりやすいものです。

そして何よりも、自分を責めたり、**自分を認められないサイクルが生まれたりしていく**ようにもなります。

ユカさんは今回のやり取りを通して、貧乏神を追い出す方法を知ったにもかかわらず、それを実行しませんでした。

その理由は、貧乏神がユカさんを常に認めてくれていたからです。

ユカさんが行った決断は、正しいか正しくないかで見ると、間違いなく正しくない決断だったのでしょう。不幸の元凶とも言える貧乏神を追い出すと、家にいるのは座敷わらしだけになり、どんどん幸せが舞い込む可能性が高くなるはずだから。

ただ、今回のユカさんの決断は、**「自分がそうしたいと思ってやった純粋な決断」**であると言えます。

何か未来の結果を求めて下した決断ではなく、自分の心に素直になって決めたこと。実はここが人生好転の大きな鍵になるのです。

僕は片づかない人々の深層心理を見つめ続けてきていますが、部屋に

物があふれ、片づかなくなり、経済的にも貧しい状態になってしまう人には共通した特徴がありました。

それが、**「自分の心に素直になれていない」**という特徴です。

自分の本心をおざなりにして、家族や他人、あるいは世間の顔色を伺いながら、自分が心から望む決断ではなく、外部評価を基準に正しい決断をしようとしている人ほど、部屋がどんどん荒れるケースが少なくなかったのです。

自分の心に素直になるだけで、心は飛躍的に豊かな状態になるものです。そこで、改めて自分の心を素直に感じていくためにも、次の質問に答えてみましょう。

Q　本当は、どうしたいと思っていますか？

（例）気を遣わずに言いたいことを言いたい。
　　仕事を休んでゆっくり旅行に行きたい。

③理屈で考えて行動する

理屈で考えて行動に移そうとすることは、逆に理屈で納得できないことは行動しないという判断をくだすということ。でもその理屈とは、自分のこれまでの経験や知識の集積による「過去のデータに基づく判断」であることが多いものです。

つまり、理屈で行動するということは、**過去の自分の狭い価値観の中で判断して行動し続けること**になりやすいのです。

過去の自分の基準で行動すれば、過去の基準のままの結果しか生まれません。今よりもっとより良い未来に進んでいきたいなら、過去の自分の価値観の枠の中で判断したり、行動したりするのではなく、望む未来の自分の基準で判断、行動することが大切です。

ユカさんはプロローグで、「私にできて、皆さんにできないはずはありません！」という女性起業家の言葉に感銘を受けていました。

でも、「彼女のようになりたい！」と思いながらも、現実では変わることができなかった。

そうなった理由は、その後に取った行動が、あくまでもユカさん自身の「過去の自分の考え方の基準」で行動してしまったがために、過去の自分と変わらない結果が生まれてしまっただけなのです。

ユカさんは貧乏神の教えの逆を行くことで、これまでの自分の価値観の枠を超えた行動を取るようになってきました。これは理屈を超えた領域へと、踏み込むようになったということです。

理動という言葉がないように、人は感じて動く「感動」の生き物です。理屈だけでは自分の行動も制限されてしまいますし、理屈で人を動かすこともできません。

自他共により豊かな結果を生み出す行動に結びつけていくためには、「感じて動く習慣」を身につけることが必要不可決なのです。

そうやって感じて動いて結果を味わう、感動の連鎖が、幸せと豊かさの循環を生み出していくようになります。

そこで理屈ではなく、感じて動ける自分になるために、次の3つの質問に答えてみましょう。

Q 理想のあなたは、どんな感覚が得られる空間で過ごしていますか？

（例）身も心もリラックスしながらゆとりを味わえる空間。
ワクワクする夢や理想について気兼ねなく語り合える空間。

Q やりたいけど、できていないことは何ですか？

（例）夫婦でゆっくり会話すること。
時間を作ってゆっくりと趣味の読書をすること。

Q どうすれば、それを今からやれるようになりますか？

（例）夫婦でゆっくり会話すること。
↓一緒に食事をした後に、何気ない近況報告をする。
時間を作ってゆっくりと趣味の読書をすること。
↓通勤時間の電車での移動中に読書をしてみる。

座敷わらし思考への入口

貧乏神が押入れに入ってから、私は一息ついてヒロキの帰りを待ちながら、頭の整理を行うことにした。

不思議だったのは、貧乏神のためとはいえ「あの場所は散らかしておく」と決めただけで、少し心が楽になったのを感じたこと。散らかす自分を責め続けていた罪悪感が、今回のことでかなり緩和されるようになったのは思わぬ副産物だった。

さらに、メモを読み返していると、「相手が得することを積極的に考える」と書いた言葉が目に入る。

「そういえば、ヒロキのダメな部分を指摘することはあっても、彼が得をすることを考えることなんて、ずっとなかったかもしれないなぁ……」

そう思った私は、夫が帰ってくるまでの時間を利用して、何かできることはないかなと考えてみることにした。

「そうだ！　この前本の整理をした時に、以前アロマ講座を受けたのにずっと使っていなかった、アロマオイルを見つけたんだった。この機会に使ってみようかな」

さっそくアロマオイルを取りに行く。オイルが入ったボトルを改めて見てみると、そこにはオイルの種類、「レモングラス」の表記があった。

「レモングラスって、どんな効果があったっけ……」

埃をかぶったアロマボトルを布巾できれいにしながら、付属されている効果効能の説明書を読んでみると、レモングラスは抗菌・抗カビ・抗ウイルス効果が高く、空気清浄や消臭効果があり、ストレス緩和にも効果的であることがわかった。

「おっ、ラッキー。これって、玄関にいいかも！　カビが生えた靴もあったし、ちょっと臭いも気になってたんだよね。ヒロキも疲れて帰ってくるだろうし、ストレス解消で一石二鳥だよね」

どうしてこんなに良いものをずっと埋もれたままにしていたのだろうと、少し反省をしつつも、さっそく玄関に向かい、スプレーにしたレモングラスのアロマを玄関全体に、シュッシュッと振ってみた。

「すっごくいい香り！　なんだかスッキリするなあ。ヒロキも、これは喜ぶかもしれないよね」

気分良くリビングに戻った私は、しばらくその香りに浸っていた。すると……。

「ただいまー。うわっ！　何？　すごくいい匂い！」

仕事から帰ってきた夫が子供のようにはしゃぐ声が聞こえてきた。その声を聞きながら、密かに私はガッツポーズをする。狙い通り、喜んでくれていたからだ。

「いや〜、今日は玄関がすごくいい匂いだったけど、何かしたの？」

「使っていなかったアロマオイルを見つけたから、ちょうどいいやと思って玄関に使ってみたんだ。良かったかな？」

内心は（良かったに決まってるでしょ）と思いながらも、あえて謙虚にヒロキに聞

いてみた。

「すっごく良かったよ！　疲れが吹き飛ぶ感じがした！　最近、片づけを始めたり、今日のアロマといい、いつもの君と違う感じだね。何かあったの？」

実は貧乏神が……と、言いたいところだが、それを言うと頭がおかしくなったと思われるかもしれないので、あえて言わないことにした。

「ちょっと気分転換がしたくなっただけ。それはそうと、あなたの部屋にべっこう飴があるのを見かけたんだけど、あれってなんか意味があって買ったの？」

話の流れでべっこう飴のことを思い出し、私は率直に聞いてみることにした。

「ああ、あれね。実は最近、仕事でうまくいかないことが多かったんだよね……。そんな時に営業先で駄菓子屋を見つけたんだ。

懐かしくなって何気なく入ってみたら、正面に俺たちの思い出のべっこう飴が飾ってあってさ。それを見て、昔を思い出して元気がもらえるかなって思って買ってみたんだ」

その話を聞いて、正直まるで意味がわからなかった。「俺たちの思い出」と言われても、私には思い当たる節がない。

ただ、喜んで話をしているヒロキを見ると、覚えていないとは言えず、話を合わせながら、探り探りどんな思い出だったのかを引き出してみることにした。

「あ、そうそう。懐かしいよね〜。あの時を思い出してみて、どう?」

「あれは確か、俺たちが結婚するちょっと前だったよね。俺がまだ仕事が安定していなかった時。そんな状態で結婚に踏み切ってもいいのか悩んでいた俺に、君はこう言ったんだ。

『なるようにしかならないんだから、難しく考えてないで、結婚しようよ!』

って。その話をした後に歩いていると駄菓子屋があって、座敷わらしの絵が書いてあるべっ

こう飴が売っていた。

おもむろに君はそれを2本買って、これ舐めようって言ったんだ。そうしてみたらなんだか笑えてきて、まあ、なんとかなるって思えたんだよね。

その時のことを思い出してべっこう飴を2個買ってみたんだ。そういえば1個なくなってたけど、君も思い出してくれて、食べたんだろうなって思ったよ」

私ではなく座敷わらしがべっこう飴を持って行ったとは、言えるわけもない。私はまだその時のことは思い出せずにいたが、そのまま話を合わせることにした。

「そういえば、そんなこともあったよね」

「懐かしいなあ。……こうして夫婦で何気なく話す時間もなくなっていたよね。外食で済ませるのが当たり前になっていたけど、久しぶりに君が作る料理も食べたくなったなあ。また今度、余裕がある時でいいから、作ってくれないかなぁ……？」

どこか弱々しく、申し訳なさそうにお願いしてくるヒロキを見て、なんだか切なくなった。どこかで、私に怯えているような感じがする。でもそれは、私がこれまで散々彼のダメ出しばかりをしていたからだ。

「いいよ。ご飯ぐらい。……しばらく作ってなかったね」

そうやり取りをしていると、どこからともなく声が聞こえてきた。

「きゃー、ここ、すっごくいい匂い！　きんもちいい〜！

この前は臭くて最悪だったのに、なんでなんで〜！」

玄関のほうで、ものすごくはしゃいでいる声が聞こえてきた。

「子どもの声⁉」

驚いたヒロキは、とっさに玄関の方へ走って行った。が、そこには誰もいない。

「なんか最近、疲れてるのかなぁ……。今日は俺にも声が聞こえたような……」

「そうね。今夜はもう、ゆっくりお風呂に入って、寝たら？」

私は座敷わらしの声には触れずに、そこからお互いの部屋に戻ることにした。

私は部屋で寝床に入るとぼーっと天井を見上げながら、１日のことを思い返していた。すると、ふとした瞬間に昔の記憶が蘇ってくる。

「……そういえば私、ヒロキを幸せにするって決めて結婚したんだった」

結婚当初の彼は、とても弱気でどう見ても幸が薄い人相だった。今考えると、まるで貧乏神のような人相をしていたかもしれない。

でも私は、そんな彼の中にあった、人を思いやる深い愛情と優しさに惹かれていた。

だから、結婚を真剣に考える時期になった時に、ヒロキの仕事が不安定な状態であった時も、最悪私が稼げばいいというくらいの気持ちでいたのだった。

「この弱気で幸が薄い彼を、私が幸せにしてやろう！」

でも、気がつけば結婚生活を送る中でそんなことは忘れ去って、ヒロキを幸せにするどころか、逆に彼を罵って萎縮させて、本来彼が持っていた輝きさえも見失うようにしていたのかもしれない。

よく考えてみると、不器用ながらもヒロキは当初、共働きだから家事は分担しようとしてくれていたのだ。それなのに、「私がやるほうが早いから、やらなくていい！」「そんな暇があるなら、もっと稼いできてよ！」などと私がキツく当たっていたせいで、彼は家事に手をつけなくなり……、結果的にそれが私の不満の一部にもなっていたのだ。

ヒロキが外食して帰ってくるようになったのも、仕事が忙しいというよりは、私が原因だったのかもしれないと、自分を省みることになった。

「『相手が得することを積極的に考える』か……」

その日、私はいつになく、素直な心を味わう夜を過ごしていた。

ここまでの解説

座敷わらし思考についてのアタマの整理

ユカさんは貧乏神の教えを反転させて、できるところから実践をしていこうとしました。これは、座敷わらしに好かれる**「座敷わらし思考」**への入り口にもなっていたのです。

まずユカさんは、貧乏神のために散らかっている環境をあえて残しておくことで、「片づけない自分はダメだ」という自分に対する罪悪感が軽減されていることを感じました。実はこのことこそが、ビンボー思考の原則である「心と現実の状態に矛盾を作る」を反転させた、**「心と現実の状態を一致させる」**というエッセンスそのものでもあります。

散らかっている環境を見て自己嫌悪になるのは、「本当はきれいな状

態を保ちたい」と、思っていることと現実が矛盾しているからです。

でも、散らかった状態があったとしても、「あえて散らかしている」と、**自分の意思でそうしているのだ**と認識した瞬間に、心と現実の矛盾はなくなり、ストレスはなくなるのです。

これは僕が普段から、片づかない方に対してアドバイスすることなのですが、もし片づかないことに自己嫌悪になるなら、「今は片づけない」と自分で決めてください、とお伝えします。

「片づけない」と自分の意思で決めたことだと捉えれば、

「私の意識次第で、いつでも片づけはできるんだ」

と、前向きな感覚で目の前の現象を捉えられるようになります。

ですから、片づけをするプロセスの中でも、一気に全部をきれいにしようとするよりも、「ここは散らかしてもいい」というポイントをあえて作るのも一つの手なのです。

「散らかしてはいけない」と思うことは、ビンボー思考にも通じる「ねばならない」という観念を生み出す原因にもなるので、あえて散らかしても良い場所をあらかじめ決めておくと、散らかることへの心理的なストレスは確実に緩和されていきます。

さらに、散らかしてもいいと思ったら、逆に片づけたくなって**行動が加速する**ケースも、実際の事例で数多く見てきました。

このような、ビンボー思考の裏返しである座敷わらし思考について、詳しく見ていきましょう。

座敷わらし思考への3つのキーワード

①相手が得することを積極的に考える

これはビンボー思考の「自分が得することを考える」を、反転させたものです。ユカさんはヒロキさんが得をすることを考えてみたことで、すでに自分が持っていたアロマオイルに意識が向くようになりました。そして、それを玄関に活用してみることで、ヒロキさんに喜びが生まれることになりました。

そしてその一歩が、ヒロキさんの喜びだけではなく、ユカさん自身の喜びにもつながり、ひいては座敷わらしの喜びにも派生していきました。

自分が得することを考えると、自分だけの得にとどまって、そこからの広がりが生まれることはありません。

でも、相手が得をすることを考えると、相手の得だけにとどまらずに、自分の喜びにも派生して、さらには相手や自分以外の部分にまで、喜びの連鎖として広がりを見せるようになるのです。

まずは、相手のために何かをしようと真剣になって考えるのではなく、相手が少しでも得したと感じてくれることをしてみようという、ライトな感覚で意識をすることがオススメです。

幸せはつかみ取っていくものではなく、他者（外部）への積極的な働きかけによって、**自然に返ってくる**ものです。他人を得させたぶん

だけ、自分に得（徳）が帰ってくる。そんな行動を大切にすると、お金も幸せもどんどん舞い込むようになっていくのです。

そのマインドをより定着させるためにも、次の2つの質問に答えてみましょう。

Q 目の前の人が、得をしたと感じるために、私は何ができますか？

（例）いつも外食が多かったけど、心を込めて料理を作ってみる。
何気ない雑談をする時間を、定期的に作ってみる。

Q 目の前の人が損をしないために、私は何ができますか？

（例）ダメ出しをするのではなく、その人の良さをフィードバックする。
気分良く話をしていることは、気分良く最後まで聞いてあげる。

②喜びにつながる決断をする

これはビンボー思考の「常に正しい決断をする」を、反転させて考えたものです。ユカさんのメモでは、「常に間違った決断をする」と書いていましたが、ここでの本質は、正しい決断をして、正しい結果を作ることが、必ずしも幸せにつながるとは限らないということです。目先の結果に依存をしない決断こそが、豊かさと幸せを連鎖させる重要なポイントなのです。

またユカさんは、嬉しそうに話しているヒロキさんのことを気遣って、話が食い違っていても、ひとまず合わせて話を聞いてみるという決断をしました。正しいか正しくないかで判断をすると、こういう時は食い違いを指摘する方が正しいとされるかもしれません。でも、それでは楽しい感覚や喜びは生まれません。

それで結果的に、ヒロキさんの素直な本音が引き出されることにも

なっていきました。

人は結果を得たい生き物ではなく、結果の先にある良い感情を得たい生き物です。例え良い結果が生まれても、そこに良い感情が付随していなければ、人は幸福感を味わうことができないのです。

幸福感を感じるより良い感情を得るためには、感性を基にした決断をすることが大切です。そのためにも、自分が何を喜びとするのかを、自分でしっかりと理解しておかないと、喜びにつながる決断はできないもの。そのことを踏まえた上で、常に喜びが得られるような決断力が身につく、次の質問に答えてみてください。

Q どんな時に、あなたは喜びを感じますか？

（例）自分がワクワクするアイデアがひらめいた時。

人が心から喜んでいる姿を見る時。

③直感を大切にした行動をする

これはビンボー思考の「理屈で考えて行動する」を、反転させて考えたものです。

ユカさんのメモでは、「理屈で考えないで行動する」と置き換えていましたが、実はこうした否定的な意識から入る前向きな行動には、ちょっと注意が必要です。

つまり、「理屈で考えないで行動する」と頭に思い浮かべると、「理屈」が最初に意識に上るので、結果的に理屈で考えて行動してしまうのです。

実はこれらのことは、多くの人が日常的にやってしまうことでもあります。例えば、「忘れ物をしない」「遅刻しない」「散らかさない」も、代表的な否定意識から入る行動パターンです。

忘れ物をしないと思えば思うほど、忘れ物をしてしまい、遅刻するなと相手に言えば言うほど、相手は遅刻の常習犯になり、散らかさないと

思えば思うほど、思考はどんどん散らかって、頭も部屋も無残に散らかるものです。

ですので、望む結果を得るためには、「しないようにする」のではなく、次の例のように、「する」というシンプルな行為に、置き換えていくことが大切です。

「忘れ物をしない↓必要なものは全部カバンに入れてから寝る」

「遅刻しない↓いつもより1本早い電車に乗る」

「散らかさない↓決めた定位置に戻す」

その上で、直感を大切にした行動ができるようになるよう、次の質問にも答えてみましょう。

Q 残された時間があと3週間しかないとしたら、どう過ごしますか？

(例) 自分がやりたいことをやる。

家族や身近な人との時間をより深く意識して過ごす。

第3章
ビンボー思考から座敷わらし思考へ

小さな変化の始まり

ふと目が覚めると、ちょうど日が昇る直前の時間だった。

いつになく目覚めが良かったこともあり、久しぶりに朝日でも見ようかと、私は玄関に向かうことにした。靴を履きながら感じる、まだかすかに残っているレモングラスの香りが、爽やかな朝を演出してくれている。

「ふう〜! 気持ちいいなあ〜!」

外の空気に触れると、思わず背筋が伸びる。家の前で昇り始めた太陽を眺めながら、深呼吸を繰り返した。日の出の太陽は、直視できるほど柔らかな光で、こんなにも心地いい朝を迎えたのは久しぶりかもしれない。

家に戻っても少し時間があったので、コーヒーを入れもう少し朝を味わうことにした。いつもはバタバタと仕事に出かけて、常に時間にゆとりがない日々を過ごしていたが、朝10分だけでも余裕があれば、心はこんなにも落ち着くのか。

貧乏神のレクチャーを受け始めて4日が過ぎていたが、すでに私は結界の期限が3

週間であることは、あまり気にならなくなっていた。

座敷わらしに居てもらえるに越したことはないかもしれない。

でも、今の私は、自分が一歩でも前に進んでいる確かな実感を味わえていることに、小さな幸せを感じ始めていた。

「さて、そろそろ仕事に行こうかな」

ゆとりある朝を過ごしたからか、出発にも余裕が持てている。

いつもはギリギリに出勤してタイムカードを押していたが、今日は少し早めの電車に乗ってみよう。

私は上司が嫌いで、仕事も辞めたいと思っているが、なんだかんだで今働いているアパレルショップには13年勤めている古株だ。入れ替わりの激しい職場だが、仕事が苦しくて辞めるのは負けた気がするので、根性だけで今日まで乗り切っていたようなものだった。

でも、店長である上司と反りが合わないことのストレスがピークに達していて、ここ最近は仕事に出勤するたびに、辞めることばかり頭をよぎるのだった。

「おはようございます」

少し早く着いた店には、すでに店長が開店準備を始めていた。

「あら……、今日は早いわね。珍しい」

いつもより10分ほど早く着いただけなのに、店長はすごく驚いたようだった。

「ちょうど良かった、ちょっと準備に手間取っていたの。手伝ってくれない？」

「あっ、はい。すぐ着替えてきます」

いつもはギリギリに出勤して、時間ぴったりに仕事を始める。それが、私の仕事スタイルだった。でも、今日は珍しく早く着いたからか、開店準備を手伝わされる羽目になった。

せっかく気持ち良く朝をスタートしたのに、なんてツイてないんだ。

手伝ってもお金になるわけではないので、気乗りしない私だったが、しぶしぶ上司の手伝いをすることにした。

「今日は、なぜ早く出勤したの？」

商品のタグをつけながら、物珍しそうな顔をして、店長は話しかけてきた。

「いや、特に理由はありませんが、なんとなく朝にゆとりがあったので、たまには早く出勤してみようかなって、思っただけです」

正直に答えると、店長は首をかしげながら、こういった。

「変なの。いつものあなたらしくないわね。でも、早く出勤するのは、いい心がけね。あなたが早く来てくれたおかげで、いつもより準備が早く終わるわ」

「あっ、はい。どういたしまして……」

私は店長にいつも怒られてばかりだっただけに、「あなたのおかげ」と、言われたことに驚いてしまった。

私の中では、嫌味ったらしくて常に怒っている鬼上司というイメージの人だったからだ。今日の店長はいつもとは違う人のようだ。

「いつも1人でこの作業をしているんですか……？」

恐る恐る、店長に聞いてみる。

「そうねぇ。1時間くらい前に来て、1人で準備しているかな。このチマチマした地味な作業が、結構手間がかかるのよね……。毎日1人でやっていると、なんだかノイローゼになるんじゃないかって思う時もあるわ」

このアパレルショップは13年前に開店して、店長とはその頃からの付き合いだ。

そして、開店からの生き残りは、私と彼女だけだった。それにもかかわらず、私はお店や店長に全く関心を持ってはこなかった。

仕事はお金を稼ぐためにやるものだと思っていて、給料にならない無駄なことは一切やらないスタンスだったのだ。ギリギリに出勤して、終わったらすぐに退勤する。時給がつく時間だけが私の仕事だと思ってずっとやってきた。

「1時間前に出勤して、それって給料になるんですか？」

何気なく気になった私は無意識で、上司にそう質問をしていた。

「別に給料はつかないわよ。好きでやってるだけ。まあ、好きっていうよりも、やらないと気が済まないからかな。仕事を始める前の準備は大切だからね。

それにしてもあんたって、いやらしいよね。もう、お金の亡者みたいな空気感がプンプン漂ってるわ」

そう言われて、否定はできなかった。なぜなら私の頭の中の電卓で、すでに計算が始まっていたからだ。この人は1時間の奉仕的な行動を、13年間続けてきたのか。この1時間を時給に換算して13年間で掛けると、いったいどれだけのお金を損しているのだろう。私には、理解できないことだ。家計簿をつけるのは苦手だが、こういった損得計算は瞬時にできてしまう自分が、我ながらいやらしい。

「そろそろ仕事の時間ね。自分の持ち場へ行ってね。

手伝ってくれてありがとう」

拍子抜けするほど穏やかな店長を見ながら、不思議な感覚で仕事がスタートした。

それと同時に、少し店長を見直す気持ちも生まれた。

この人は13年間、誰に言われることもなく、黙々と自分がなすべき仕事をこなしてきたのかもしれない。同じ13年間を過ごしてきた私と店長の間には、天と地ほどの開きがあると、少し自分が恥ずかしくなった。貧乏神に取りつかれるのも、もしかしたら必然だったのかもしれない。

「私、職場でもずっと、ビンボー思考で仕事をしてたのかもしれないな……」

朝の爽やかさから一転して、私の心は曇っていった。いつもは店長に怒られて嫌な気分になっていたが、今日は自分で自分が嫌になる。そうやって悶々《もんもん》と自己嫌悪に陥っているうちに、お客様が入ってきた。

「いらっしゃいませ」

お客様が入ってきたら、すかさず声をかける。これが、接客のルールだ。

この店は百貨店に入っているアパレルショップで、1日を通して多くのお客様が店にやってくる訳ではない。限られた来店客を取りこぼさないように、積極的にアプローチをして、少しでも売り上げにつなげていくことを教えられていた。

「何か気になる服はありますか?」

ここぞとばかりの満面の笑みで、服を見ていたお客様に話しかける。すると……、

「あっ、いえ、ちょっと見ているだけで……」

と、バツの悪そうな顔をして、お客様はそそくさと店を出て行った。これは、よくあることだ。

「もうほんと、見るだけの客って、うざいわぁ! 買わないんだったら、見ない

でよね。見た服をたたむのだって、労力がかかるんだから……」

さっき気分が落ちてしまったからか、いつも思っている心の叫びを、ついつい言葉に出してしまった。

「あなた何言ってるの！ そんな気持ちだから、お客様が逃げていくのよ!!」

ああ、これだ、これ。いつもの鬼店長に戻っている。こうやって私はいつも怒られて、また嫌な気分になっていく。

「すみません……」

とりあえず謝っておいて、私はすぐに自分の持ち場へと戻ることにした。

やはり、職場にいても自己嫌悪になるだけだ。さっさと仕事を終えて、早く家に帰りたい。この調子だと、今日は売り上げ0のパターンだろう。

一気にモチベーションが下がった私は、時間が早く過ぎるのを待ちながら、仏頂面で佇《たたず》んでいた。するとその直後、なんとも爽やかな香りが、私の前を駆け抜けていく。

「わあ、すごい、良い香り……」

ふと、気持ちが晴れるような香りを感じて、私は無意識に声に出していた。

「あら、お好きな香りかしら？」

思わず目を瞑《つむ》って香りに浸っていた私の横から、つやのある上品な声がした。ハッとして目を開けると、上品なオーラを漂わせたマダムがいた。

「あっ、いらっしゃいませ。失礼いたしました。いい香りだったので思わず……」

私が慌ててそう言うと、マダムはにっこりと微笑みながら、言葉を返してくれた。

「あなた、香りに興味あるの？」

「興味というか……、実は昨日、初めて玄関にレモングラスのアロマをスプレーしてみて、香りっていいなあと思っていたところだったんです」

そう答えると、マダムはにっこりして、さらに話を続けていった。

「あなた、センスがいいわね。香りはとても大切よ。本能に訴えかけるのが、香りだからね。私、自分で事業をしているのだけど、まだ開業当初の軌道に乗っていない辛い時に、あなたのように玄関に香りづけをするようになってから、流れが変わったのよ。辛い時は毎日嫌な気持ちで家を出て、帰ってきてさらに憂うつになっていたけど、香りづけをすることで、良い気分で出発できて、帰ってきた時にも香りでリセットされて良い気分になれたから、そこから気持ちを持ち直すことができるようになったの。そのことがあって以来、今でも続けているのよ」

さっきまで気分が落ちていたのが嘘のように、私の心は一瞬で晴れやかになった。何よりも、今やっていることの延長線上に、この素敵なマダムのような未来が待っているのかもしれない。そう思うと、私の未来にも少し希望が持てる。私は仕事を忘れて、マダムに質問をしていた。

「私、最近玄関を少し片づけてから、なんだか流れが良くなってきた気がするんです。アロマを使ったのも、実はたまたまでした。昔習った講座で購入したものを、ずっと使わずに埃をかぶった状態になっていて……。

昨日それに気づいて、使ってみただけなんです。

でも、それでこうやってお客様と話ができるきっかけが生まれたのは、とってもラッキーだなって思えました。もし差し支えがなければですが、流れが変わり始めた時に、ほかに何か意識したことなどがあれば、教えていただけないでしょうか？

実は私、今人生に悩んでいて……。あっ、すいません、お客様にこんなこと……」

私は、何を言っているのだろうか。接客をして商品を販売しなければいけないのに、気がつけばお客様に対して悩み相談をしていた。

「ふふっ。あなたって、とても素直ね。その素直さは大切よ。

いいわ。ほかに意識したことも、教えてあげるわね。1つは、玄関。もう1つは、床。最後は、窓よ。最初は家の中にあるこの3ヶ所だけを意識して、定期的に磨くようにしたの。すると、そこから不思議と事業が軌道に乗るようになったのよ」

私は思わずメモを取り出し、言われたことをすぐに書き記した。貧乏神のレクチャーを受けるようになってから、メモ帳を常に持ち歩くようにしていたことが、ここに来て役に立っている。

「あら、あなた、すぐにメモを取るなんて、とても真面目なのね。そのメモを取る習慣も大切よね。なんだかあなたって、面白い人。おバカな感じかと思ったら、そうやって真面目な部分もある。でもそこが、好感を持てるわ。ちょっと服でも、見ていこうかしら」

そういうとマダムは、店内の服を見始めていった。

「あっ、あの、ありがとうございました。ぜひ、服も気兼ねなく見ていってください。見た服は私が片づけますので、どんどん散らかしていってくださいね！」

「あなたって、ほんとに面白いわね。服を見る時に、散らかしていいって言われたのは初めてよ。こんなに楽しい気分になったのは久しぶりだわ。

いくつか、頂いていこうかしら」

そう言ってマダムは、服から靴までの一式を購入してくれた。売り上げ合計金額10万8千円。1人のお客様で10万円を超えることは、めったにない。

とっさに出た「散らかしていい」という言葉だったが、よく考えてみると貧乏神の住処を「散らかしていい場所」と決めていたからこそ、自然に出た言葉なのかもしれない。貧乏神に少しだけ感謝したくなった。

「今日はとっても楽しかったわ。またあなたと話がしたいから、これからもこのお店に寄らせてもらうわね。ありがとう」

そう言って笑顔で去っていくマダムの後ろ姿が、凛《りん》と美しく輝いて見えた。

「すごいじゃない！　今の感じ、とても良かったわよ！」

売り上げに厳しい店長は、接客状況を逐一チェックしている。

その店長に、こんな形で褒められたのは、初めてだった。しかも私は接客をしているという感覚ではなく、ただ自分の悩み相談をしていただけだった。

「今の方は、たまたま良いお客様でした……」

こんなに良いお客様は、今までにもいなかったし、これからも現れることはないのだろう。だからこそ、率直にそう思った。

「良いお客様が来るのも、あなたが良い雰囲気を出していたからよ。そこは自信を持ちなさい。今日は早く出勤してきたことも、良い流れを作っている要因かもしれないわね。さっきはあなたを怒っちゃったけど、今のあなたの素直な感じはとても良かったわ。今日はこの調子で頑張ってね」

飴とムチとは、このことだろうか。さっきは怒られたと思ったら、今度は褒められることになった。褒められることは嬉しいが、私の実力ではない部分で評価されているので、素直に受け取れない部分がある。

ただ、その後も調子が良く、結果的に今まで働いてきた中でもトップ3に入るであろう、個人売り上げを達成した。

あまり努力なく達成しただけに、思ったほどの嬉しさはなかったが、今日は久しぶりに楽しんで仕事ができたことは間違いなかった。

「お疲れさま。今日はあなたのおかげで全体の売り上げもとても良かったわ。明日から2連休だよね。ゆっくり休んで、また次からの出勤もよろしくね」

このところ、店の売り上げも停滞気味だったので、今日の結果に店長も嬉しそうだ。

「なんだか、今日は仕事が楽しかったなあ。

そうだ。たまには自分へのご褒美に甘い物でも買って帰ろう！」

久しぶりに気分良く仕事を終えた私は、大好きなコンビニのスイーツを自分にプレゼントしてあげることにした。

そういえば、こんなことをするのも久しぶりかもしれない。ふと思い返してみると、借金を挽回しようと思って投資やビジネスセミナーには多額のお金を使ってきたけど、ささやかな自分の喜びに対して、お金を使うことは一切なくなっていた。

「たった数百円で買える幸せ。これも、今の私にとっては大切なのかもしれないな。

そういえば、もらいものの美味しそうな紅茶があったよね。あれを入れて、このケーキと一緒に楽しもうっと」

ちょっとしたことでワクワクする気持ちになった私は、家に帰ってさっそく紅茶を入れることにした。お湯を沸かしている間に、レモングラスのアロマをまた玄関にスプレーしておく。

「レモちゃんのおかげで、昨日からなんだか、とっても良いことが起こり続けているわ。ありがとう。これからもよろしくね」

気分が良くなった私は、レモングラスのアロマに対して〈レモちゃん〉という愛称をつけていた。そういえば、昔はお気に入りのものには、すべて名前をつけるようにしていたことも思い出した。

そしてその頃の私は、物を大切にしていて、部屋も片づいている状態だった。そう言えば私は、ずっと「片づけられない人」だったわけじゃなかったんだ……。

「この際、明日からの2連休は片づけ祭りにしてみようかな。あの素敵なマダムに教えてもらったことも、さっそく実践してみた方が良い流れが来そうだし」

今まで停滞し続けてきたことが嘘のように、私はここ数日だけでも明らかに、流れが良い方向へ変化しているのを感じていた。貧乏神の教えの逆を行く。これは本当に、効果があるのかもしれない。

そう考えると私にとって貧乏神は、幸せを運ぶ神様かもしれないと思えてきた。

「あっ、お湯が沸いた。さて、紅茶を入れて、ケーキをいただきますか」

私は普段は使わないちょっと高級感があるティーカップに紅茶を注ぎ、ケーキもきれいなお皿に移し替えて、ちょっとしたカフェ気分を味わうことにした。

「では、いっただっきま～す！」

ケーキにフォークを刺そうとした、次の瞬間。

「それ、な〜に？」

いきなり耳元で、女の子の声が聞こえてきた。

「うわっ⁉」

突然の出来事に驚いた私は、椅子から転げ落ちてしまった。

「イタタタ……。もう、何よ！」

少し取り乱してしまったが、立ち上がろうとして上を見上げたその時。

「えへへっ。なんか、いいものあるね〜！」

私の目の前には、見えなくなったはずの座敷わらしがいた。

「あっ、座敷わらしちゃん、いたんだ……」

「結界があって、ずっと外に出られないし、つまんなくなってたんだけど、最近なんか楽しそうにしてるなって思ってたの〜！　気になる気になるぅ〜！」

いきなり現れてびっくりしたが、無邪気で屈託《くったく》のない笑顔をしている。その座敷わらしを見るだけで、なんだか不思議と楽しい気持ちになった。

「ちょっとね。最近、いいことが沢山あって。今日は嬉しくなったの。

これから自分にご褒美をあげようと思ってたんだ」

そう話しながら、私は朝から良いことが続いた素晴らしい1日を噛み締めていた。

そして今、座敷わらしが目の前に現れるという、最高のフィナーレで1日を終えられる。やはり私は今、とてもいい流れに来てるんだと確信した。

「あっ、そうだ！　座敷わらしちゃん、一緒にお茶でもしよっか？」

と私は、座敷わらしにジュースか何か出してあげようと思って、ルンルン気分で冷蔵庫に向かった。しかし……、

「わたし、何もいらないよ～！　だって、ここに美味しそうなケーキがあるもんね～！これ、もらっていくね～～！　バイバーイ！」

「えっ、ちょっ……何ぃ～⁉」

私が慌てふためいている間に、座敷わらしは私のご褒美スイーツを手にとって、そのまま颯爽と姿を消していった。

「いやぁ～～！　私の幸せを奪わないでぇ～～～!!」

そう叫ぶ私の声も虚しく鳴り響き、あえなく私のご褒美は座敷わらしとともに消失する。おまけに座敷わらしとのやり取りをしている間に、せっかく入れた高級紅茶も冷めていいた。

「何なのよ、もう！　座敷わらしって。幸せを運んでくれるんじゃないの！　逆に奪われてるよ私！」

幸せのピークを迎えたかと思ったら、座敷わらしに突き落とされる。これで、2回目だ。

「二度あることは、三度あるって言うよなあ……。もう、座敷わらしに期待するのはやめておこう」

私は心の中で固く誓い、冷めた紅茶を一気に飲み干した。

ここまでの解説

幸せは、角度を変えると訪れる

小さな変化を認めていく

貧乏神の二度目のレクチャーから一夜が明けて、ユカさんの日常にも変化が現れ始めました。

これまでのユカさんは、一発逆転的な発想で大きな変化を求めていました。でも、ここ数日は、今すぐにできる**小さな変化**を行動に移すようになってきています。

今回のユカさんのエピソードの中にも、幸せを手にするためのエッセンスが随所に表現されています。

そのエッセンスをこれから一緒に、1つ1つ紐解いていきましょう。

まず、ユカさんは冒頭で「自分が一歩でも前に進んでいる確かな実感を味わえている」ということに、小さな幸せを感じるようになっていました。

理想の未来へと確実に進んでいくためには、1日単位の中で一歩でもその理想に向けて進んでいるのだと**「行動を通して実感し続けていく」**ことが大切なのです。

僕は片づけ心理の仕事をしている中で、片づく人と、片づかない人の考え方の間には、「目の前の現実を捉える発想」に明確な違いがあることがわかりました。

片づかない人ほど、少し行動して確実に変化が生まれていたとしても、「まだ、全然片づいていないです」と言います。

自分が思い描く完璧な状態が生まれるまでは、「できていない」と言い続けるのです。ですから、片づかないタイプの人は**自己肯定感**が極度に低いケースが少なくありません。

一方で片づくタイプの人は「できているところに目を向けて」、少しでも前に進んでいる自分を認識し続けていきます。全体が完了していなかったとしても、「今日は、ここができた！」と小さく確実に進んでいる部分に目を向けて、その結果を自分で認め続けているのです。

そういった**「小さなできた」**を積み重ねていくと、「自分はできる」という自信にもつながっていき、まだ経験をしたことがない新しいチャレンジに対しても、「私ならできる！」という自己信頼感をもとに、積極的に新しいチャレンジを行っていけるものです。

ユカさんもまた、その小さな自分の変化を認めることに意識が向くようになったことで、小さな変化が連鎖して、より良い結果が生み出される流れが少しずつ生まれています。

うまくいかない時ほど、できていないところに意識を向けて、できていない自分を責めてしまうもの。でも、今日までの人生を過ごしてきた中で、すべてがうまくいかなくて今日を迎えている人など、1人もいないはずです。極論を言えば、今日まであなたがこうして生きていているのは、「何かに成功をしているから」今があるはずなのです。

そこで、小さな変化を認めながら未来への行動を加速させていくために、次の質問に答えてみてください。きっとここから、あなたの幸せな未来もどんどん連鎖していくようになるはずです。

Q あなたがうまくいっていることは、なんですか？

（例）朝日を見て、いつもより１本早い電車に乗れた。
素敵なお客様と出会えて、個人売り上げも絶好調だった。

良い結果ではなく、良い感情が得られる行動をする。

ユカさんの１日の流れで次に注目したいことが、「良い結果を生み出す状態」という部分です。

朝を良い気分で出発したユカさんは、いつもより早く仕事に到着しました。そこで上司である店長さんに仕事を手伝うように言われた時に「ツイてない」と捉えて、しぶしぶ手伝うことにします。ここがまずビンボー思考にもあった「自分が得することを考える」という発想そのものです。

ユカさんはその発想が抜けていなかったので、これは自分にとってメリットがない行動だと判断しました。

このような在り方は、お客様への接客にも現れ、望まない結果を生み、さらに上司に怒られるという、悪循環を生み出していました。

そんなユカさんの流れが切り替わったのは「香りが流れてきた」ことから始まっています。仏頂面で立っていたユカさんの前に良い香りがやってきたことで、一瞬にして良い気分になり、それに合わせて、おそらく表情も良くなっていたはずです。

そこから流れが変わり、マダムとの出会いが生まれ、予想外に売上も上がっていった。このプロセスを紐解いていった時にわかることは、**「幸せな結果は、幸せな状態から生まれる」**ということです。

ユカさんは流れてきた香りをきっかけにして、一瞬で良い感情が生まれる状態に変化しました。幸せな結果を生む本質は、こうした快適感情の連鎖にあります。良い結果を作ることを目的に行動しても、良い感情が生まれる訳ではありません。そして、良い結果が生まれても、良い感情にならなければ、幸福感も生まれないのです。

だからこそですが、幸せが連鎖する状態を作るためには、良い結果を得ることを目的にするのではなく、**良い感情を得ることを目的に行動する**ということが大切です。

ユカさんに好循環が生まれていったプロセスを改めて考察すると、ユカさんが良い流れに切り替わってからは、結果ではなく「良い感情が連鎖する行動」を、無意識で取っていました。その良い感情の連鎖が相手（マダム）にも影響して、さらに良い感情を生み出すやり取りとして循環していきます。その結果として、良い感情に見合った行動が行われた先に、商品の購入という、良い結果も自然に生まれて行ったのです。

2章でもお伝えしていましたが、人は感じて動く感動の生き物です。

そして、人は本来、結果を得たいのではなく、結果の先に生まれる喜びの感情を体感したいのです。

そこを踏まえて、喜びの感情を連鎖させることで幸せの循環を生み出すために、次の質問に答えてみてください。

Q 何をすると、より良い感情が生まれますか？

（例）朝一番の新鮮な空気を吸い、朝日を見る。

できたことを認めて、できたことを記録する。

良いことを覚えるより、良い記憶を思い出す力を強化する

最後に今回のユカさんのエピソードで注目したいことが、「引き出される過去の記憶」についてです。

人は起こった出来事に対して、**過去の経験や知識**などの自分に記憶された脳内データに照らし合わせて、その後の状況判断や感情表現を決めていく性質があるのです。

例えば、ユカさんに悪循環が起きていたケースで見ると、満面の笑顔でお客様に近づいて話しかけたら、逆にお客様が離れていくシーンがありました。このお客様の心の中では、販売員が笑顔で近づいてくるという出来事に対して、過去の経験で「買いたくないのに買わされたことがある」など、嫌な記憶が優位になっていたから、避けるという行動をとった可能性が高いでしょう。

そしてそれとは逆に、ユカさんは香りをきっかけに、良い感情を思い出すシーンもありました。それによって、レモングラスのアロマを使った良い結果のエピソードも思い出されています。

また、その引き出された良い記憶に沿って話をすることで、マダムの中にあった良い経験の記憶も引き出されていき、互いに**幸せな感情がどんどん連鎖する**好循環が生まれていきました。

ここで大切なことは、1つのきっかけ（物語の中では香り）から、良い感情、良い記憶が引き出されたことで、良い循環が生まれているということです。

ユカさんはこれまで、様々なセミナーを受けたり本を読んだりすることで「何か良い情報を取り入れること」に、常に意識が向いていました。

でも何かを取り入れることで得られるのは、一時的な欲求の満足感であり、幸福感とは異なるもの。そして、幸せな未来を築く好循環を生み出すのは、満足感ではなく、幸福感なのです。この幸福感を連鎖させるためには、覚えること（取り入れること）よりも、「思い出すこと」に、意識を向けていくことが大切です。

あなたは普段どんなことを思い出すことが多いでしょうか？

脳のメカニズムとして、人間が学んだことや経験したことは、再び思い出した時に記憶として強化され定着します。

嫌な記憶、悪い感情を思い出す機会が多いなら、その記憶が強化されているということです。それが結果的にトラウマという心的現象に現れ

ることにも関係していきます。

逆に、良い記憶、良い感情を思い出す機会が多いなら、それだけ幸せに対する感度も強化されているということです。良い記憶が強化されていれば、自然と意識も**幸せをキャッチするほうへ**と向いていくのです。

ユカさんは良い感情で過ごしたことで、仕事を終えた後にも、過去の良い記憶をどんどん思い出していきました。その良い記憶を思い出すたびに良い感情も連鎖して、幸福感がどんどん高まっていったのです。

ここで、幸福感が連鎖するための、より良い記憶を思い出す力を育てるために、次の質問に答えてみましょう。

Q 日常の中で、思い出すと良い気分になれることは何ですか?

（例）将来の夢に対する妄想をすること。
好きなインテリアを飾って毎日見ること。

部屋を通して快適感情が定着する

座敷わらしにささやかな幸せを奪われた私だったが、あれはあれで良かったのかもしれない。もともと調子に乗りやすいタイプで、良い流れになってきた時ほど気を抜いてしまい、逆にマイナス方向へと後戻りすることが多かったからだ。

昨夜はすぐに気を取り直して、普段よりも早く就寝もできた。その甲斐もあってか、いつも休みの日は二度寝、三度寝して結局起きるのが昼過ぎになってしまうのだが、今日はいつも通り、いや、いつも以上に規則正しく朝を迎えることができた。そして、今日の朝日も気持ちがいい。

休日だけどダラダラせずに気分良く朝を始められたこともあって、昨日冷めて飲み干した紅茶を、今日こそは優雅に楽しむことにした。

「さて、今日から2連休だし、予定通り片づけ祭りを開催しよう！　貧乏神は予定だと明日に出てくるはずだよね。それまでに、やれることをやっておこう！」

今朝もお気に入りのレモちゃんの香りを嗅ぎながら、私は昨日メモをしたことを改めて読み返すことにした。

「それにしても、あのマダム、とっても素敵だったなあ。私も、あんな人になりたいなあ……。いや、絶対になる！　そういえば、マダムからアドバイスしてもらったことを記録していたよね」

メモ帳を振り返ってみると、走り書きで「玄関・床・窓・磨く」と、書いてあった。

「磨くのはわかったけど、なぜここが大切なのか聞くのを忘れてたなあ」

昨日は舞い上がって会話していたこともあり、深く突っ込んで話ができていなかったことが悔やまれる。

「あっ、でも、理屈で考えない方が良いかもしれないな。ビンボー思考が、理屈で考えて行動するってことだったよね。まあ、深く考えずにやってみるか！」

いつもは頭で考えて納得したことだけを行動に移す私だが、今日は理屈抜きで行動をしようと自然に思える自分がいた。

「まずは、玄関からだね。この前靴を捨てて勢いがついてるし、まずここから完了させよっと。あ、いいこと思いついた！『勢いツイてる！』って、いい言葉だよね。『ツイてる』って言葉に出すと運が良くなるっていうし、これを掛け声にして掃除を始めよう！」

我ながら素晴らしいアイデアを思いついたと自画自賛した私は、「勢いツイてる！」を、自分の名言語録と称してメモを取ることにした。今日は朝から良い発想がどんどん浮かんでくる。

「マダムは磨くことが大切って言ってたよね。ひとまず、この家に住むようになってから一度もやってなかったけど、雑巾がけでもやってみるか」

私はバケツに熱湯を注ぎ、雑巾を用意して玄関へ向かった。掃除をしても雑巾がけをすることはほとんどなかったので、とても新鮮な感覚がした。

「うわっ、汚ったない！　拭いても拭いても、汚れが取れない。

でも、拭き甲斐はあるよね……」

しつこい汚れに覆われていた玄関スペースだったが、やり始めたら徹底的にきれいにしたくなった。無心で玄関の床磨きに没頭すること30分。集中して行うことで、ある程度きれいにできた。

「元が汚かっただけに、雑巾で拭くだけでもかなりきれいになったなあ！

落としきれていない汚れは、ネットで落とし方を調べてまた今後やるか。

私にすれば、これだけでも上出来だよね」

特別なことをせずに雑巾で拭いただけでもきれいになり、明らかに玄関の空気感が変わっている。それを実感しただけで、とても幸せな気分になった。

「靴もきれいに整理して、靴箱も拭こうっと。あっ、そうだ！　勢いツイてる！」

玄関の拭き掃除を終えた私は、自分なりの魔法の言葉も思い出して、さらに勢いをつけていく。そのまますぐに靴箱の整理と靴棚を拭き終えて、無事玄関の掃除を終えることができた。

「最後の仕上げは、やっぱりレモちゃんよね。シュッとスプレーして、勢いツイてる！」

レモちゃんと魔法の言葉のコラボレーションによって、私の運気はさらに良くなっていく気がしてならない。今までにない爽快感を得ながら、そのままリビングの床磨きに移行することにした。

「なんか、片づけをこんなに楽しくやっているのって、初めてかもしれないな」

いつになく気分が良い私だったが、リビングに移動して唖然とした。

「うっわぁ〜……。今まで床磨きなんてやってなかったから意識に上らなかったけど、床に物を置きすぎだよね……」

この前、テーブルで食事ができるぐらいには片づけたが、その荷物も床に仮置きをしただけだった。そして、想像以上にほかの物も散乱している。

「これは、相当骨が折れる作業だなぁ……。まあ、気合を入れてやっていくか……。あっ、こんな時ほど、勢いツイてる！」

魔法の言葉が後押ししてくれたからか、いつもなら挫折しそうになる状況でも、前向きに行動ができる。そして、床の荷物を整理するにあたり、良いことを思いついた。

「そういえば、私の部屋には散らかしていい貧乏神ゾーンがあったんだった！

迷って行き場の判断がつかないものは、とりあえずあそこに置いておこう！」

私は整理するのが苦手で、気が向いて片づけをしようと思っても、いつも行き場所がないものが出てくるとつまずいていた。迷った挙句に思考停止になって、行動を中断することの繰り返し。でも、今回はあえて散らかしていいという場所があったことで、逆に部分的な片づけを難しく考えることなく進めることに成功した。

「なんか昨日から、貧乏神のおかげで物事がうまくいくことが増えているよね。

次に出てきた時に、ちゃんとお礼でもするか」

これまでずっと億劫だった部屋の片づけだが、完璧を求めずにやり始めたら、思った以上に作業は捗《はかど》っていった。そして、物を整理する上で、今すぐに活用できるものも見つかっていく。

「あっ、このプリザーブドフラワー、誕生日に友達がプレゼントしてくれたものだ。かなり埃かぶっているし……。そうだ、さっき掃除した玄関に飾ってみよう。香りと花の彩りで、玄関もより明るくなりそうだね」

使えるものが見つかってくると、物を整理しながら宝探しをしている気分にもなってきた。それにしても、活かし切れていないものが本当に沢山あるものだ。宝の持ち腐れとは、このことだなと実感した。

ある程度床を整理し終えた私は、埃が舞う床に掃除機をかけた。その後に玄関と同様に床を雑巾がけする。玄関よりはマシだが、掃除機をかけるだけでは取れない汚れがあることに、そこで初めて気がついた。

「リビングの床がきれいな状態って、すごく気持ちいいな〜。わあ、もうこんな時間か。よし、ちょっと休憩してお昼ご飯にしようっと」

気がつけば私は時間を忘れるほど片づけに没頭していた。朝から動きっぱなしだったので、心地良い疲れもある。今日は冷蔵庫にあるものを使ってお昼ご飯を作ろう。

「さっ、今日の残り物で料理でもしますか……って、なんか賞味期限切れのものがいっぱいあるし！」

午前中の片づけで意識が変わったのか、自然に冷蔵庫の中の様子も気になっていく。

気がつけば私は賞味期限切れのものを捨てつつ、液だれしていた部分を雑巾で拭き取っていた。

「ちょこっとやるだけでも、意外とスッキリするよね」

残り物で料理をするついでに、冷蔵庫も少しスッキリ。今日はサクサク行動が進み、とてもいい流れだ。私はお昼ご飯を食べながら、きれいになった床を眺めていた。

「ふぅ……。ご馳走様。食事したら、眠たくなってきたなあ……。

午前中は頑張ったし、ちょっとお昼寝でもしよっかな」

疲れと満腹感で、眠気が襲ってきた私は、少し昼寝をすることにした。

「今日は天気がいいなあ。お日様が当たって、気持ちいい……。って、窓汚なっ!!」

ベッドで寝ようと思い横になったら、光が入ってくる窓が目に入り、その窓の汚れが異様に気になってきた。

「そういえば、マダムが言ってたよね。玄関と床と窓が大切だって。寝ようと思ったけど気になるし、ベッド横の窓だけ拭いてから寝るか……。そういえば窓って、何年も拭いてなかったけど、何で拭けばいいいんだろう……？」

私はベッドに寝転びながら、スマホで「窓拭き方法」で検索をした。

「あっ、新聞紙で窓がきれいになるんだぁ。これがいいね。新聞紙いっぱいあるし、どうせ処分するんだからついでに有効活用しよう！」

私は自分の部屋に埋もれていた新聞紙を探し当てて、水で濡らして窓を拭くことにした。想像以上に新聞紙は効果的で、窓の汚れがみるみる落ちていく。

「わあ、すごい透明感が出てきて気持ち

いいなあ！

新聞紙、すごい！　これだけで結構汚れは落ちるんだね」

気がつけばあっという間に、窓の汚れも取り除くことができた。窓は透き通る美しさとなり、太陽の光がさえぎられることなく部屋の中に入ってくる。

「すごく気持ちいい光が入ってくる〜！

そういえば、この部屋は日当たりがいいから、ヒロキが私の部屋にしていいよって言ってくれたんだっけ……。窓の汚れを放置しすぎて、光が全然入らなくなってたんだなあ……」

心地良い太陽の光が、部屋の中を明るく照らしてくれている。部屋全体を見るとまだまだ片づいていないが、部分的にはマダムが言っていた項目を進めることができた。

少しやりきったことで満足した私は、穏やかな陽の光を浴びながら、ベッドにそのまま横たわって眠りにつく……と、思った矢先に。

「すっご〜〜い‼　この部屋、気持ちいい光が入ってるぅ〜‼」

この声は、間違いなく座敷わらしだ。眠りかけた矢先に、このハイテンションな声はキツい。

「座敷わらしちゃんだよね……。私、ちょっと疲れたから、今から寝ようと思ってるんだ……」

「え〜〜!! なんで〜! こんなに気持ちいい光が入るのに、寝てる場合じゃないよ〜!」

私が自分の世界に浸りたい時に限って、座敷わらしが現れる。なんてタイミングが悪いんだろう。ただ、この頃なぜか座敷わらしの出現率が上がっていることは少し気になる部分でもある。でも、今の私は猛烈にお昼寝がしたい。

「座敷わらしちゃん、お願い！　1人にさせて〜!!」

やりきった後の至福の昼寝に水を差された私は、布団を片手にそのまま逃げるように、リビングのソファーへと移動した。

そして芋虫のように布団にくるまりながら、昼寝を強行することにした。

ここまでの解説

座敷わらしが喜ぶ部屋づくり

良い目覚めができたユカさんは、さっそくお店で出会ったマダムからのアドバイスを実行すべく、休日を活用して片づけを始めました。

ところで、片づかない人ほど、「片づけたい」と思って取り組む傾向にありますが、実はそれも上手くいかない1つの原因です。

片づけ上手な人は、片づけをするのではなく、自分の部屋に興味関心を抱きながら、「部屋をこんな風にしたい」と、思って部屋づくりをしています。これは、**片づけが目標ではなく、理想の部屋づくりが目標**であるということです。

それと同じようにユカさんも、片づけを目標にするのではなく、マダムのようになりたいと思って、片づけに取り組んでいます。片づけが目的ではなく、憧れのマダムに一歩でも近づくことが目的。そのために片づけに取り組んだからこそ、**行動は加速していきました。**

その中でユカさんがマダムに教えてもらって実践していた3つのポイントを、これからより詳しく見ていきましょう。このポイントが、座敷わらしが喜ぶ部屋づくりの基本ベースにもなっています。ユカさんが走り書きしていた3つのポイントは、次のようにまとめることができます。

座敷わらしが喜ぶ部屋づくり3つのポイント

①玄関を整える
②床面積を広げる
③窓を美しく磨く

座敷わらしが喜ぶ部屋づくり3つのポイント

①玄関を整える

玄関は快適感情を得ることや、メンタルを整えるためにも、とても重要な場所です。

家を出る時に必ず通り、帰ってきた時にも最初に通る場所である玄関を快適な状態にすることで、**より良いイメージ**で出発ができ、帰ってきた時にも、気分をすぐにリセットすることができます。

靴は外の汚れを引きずってくるものなので、玄関には汚れや悪気が漂いやすくなります。その汚れと穢《けが》れを拭き掃除によって取り除いていくことが、より良い流れをもたらす一番の効果となります。

実際に僕は自宅サロンを運営されている方や、商売をされている方には、必ず玄関を清潔に保つことをお勧めします。そして、それを実行に移された方の多くは、お客様が急に増えたり、人の流れが良くなったりして売り上げが伸びているのです。

座敷わらしもユカさんが整えた玄関に興味を持ったように、**幸せは玄関からやってくるようなイメージ**を持って、まずはここから整えるようにしていきましょう。

基本的に玄関には、あまり物を置かずに、靴はできるだけ靴箱にしまうようにしてください。それが難しい人は、玄関に置く靴の向きだけは揃えておきましょう。それだけでもスッキリするはずです。

②床面積を広げる

「床面積の広さが、収入に比例する」そんな言葉もあるように、家の床にゆとりがあり、美しく保っている人ほど、経済的に豊かであるケース

が多いです。逆に床に物があふれている人ほど、お金にゆとりがなかったり、入ってきてもすぐに出ていったりするような、自転車操業的な流れを繰り返しているケースが多いのです。

人間心理としても、足元がおぼつかないような不安定な状態だと、心も必然的に影響されて、不安定な心理状態になりやすいものです。

逆に言うと、床面積を広げて床を美しく保っていくと、それだけで心の安心感と安定感を得られるのです。

床に物が多いと感じる方は、試しに物を寄せるだけでも良いので、**床面積を広げる**ことを、今すぐに行ってみてください。

床を意識することはとても重要で、実際に経営不振に陥っていた飲食店が、床面積を意識して、さらに毎日きれいに磨き続けただけで、業績がV字回復していった事例もあるのです。

床は家の基盤であり、床の状態が整っていることが、家やその空間全体の空気感に大きく影響していきます。できるだけ床には物を置かずに、ゆとりある空間作りを行っていきましょう。

③窓を美しく磨く

窓の状態は人間心理に大きな影響を及ぼしていきます。

うつ傾向にある人の部屋ほど、窓が手入れされておらずに、外が見えないほど曇っていたり、結露でカビが生えたままにしたりしているケースも数多く見てきました。

実際の統計でも、夜が長い国に住む人ほどうつなどになりやすい、というデータがあるように、**光は生命を活性化させる**エネルギーそのものです。

ユカさんの部屋は、日当たりが良いにもかかわらず、窓の手入れをしていなかったことで本来の光が入ってこず、また換気もされない状態になっていました。

そんな陰湿な雰囲気のユカさんの部屋だから、貧乏神が快適に思い、居つくようになっていたのです。

でも、そこから窓をきれいに拭いていったことで本来の光が入るようになり、その光に吸い寄せられるかのように、座敷わらしも姿を表すようになりました。

だからこそ、気持ちが停滞している時ほど、窓拭きを行いましょう。ユカさんがやったように、新聞紙を活用するのも効果的です。あるいは雑巾で拭くだけでも、曇りをきれいに払うことはできます。

これらの、**玄関、床、窓**の、3つのポイントが心地良い状態に保たれているだけでも、精神面、感情面において、幸福感が得られやすくなるのです。

ここが安定してくることで、座敷わらしが姿を表す機会が増えてきたように、幸せもどんどん連鎖していくので、まずはこの3つのポイントだけでも整えていくことを大切にしていきましょう。

第4章
座敷わらしのハートをつかむ部屋づくり

幸せが向こうからやってくる

2連休を過ぎて、私の部屋はかなり片づいていった。

1日目は1人で行ったが、2日目はヒロキも休みだったこともあり、手伝ってもらいながら一緒に片づけをすると、13袋ほどのゴミを処分することができた。

このたった数日で、私の心境は大きく変わっていた。あれほど離婚したいと思っていたのに、ヒロキとは逆に仲良くなってきている感覚がある。

今までは彼を一方的に責め続けていただけだったが、私にも否があったことを自分でも認めるようになったことが、一番の原因かもしれない。

また仕事も辞めようと思っていた私だが、あんなに嫌いだった上司を見る目も少し変わり、仕事自体も面白いと感じるようになってきた。

何よりも、日々の中で気持ちも穏やかになり、幸せを感じる機会も増えていた。

「ほんと私、変わってきたかも?」

ベッドの上で好きな写真家の本を眺めながら、リラックスしてくつろいでいると、

「あなたは、ほんとうに変わってきましたねぇ……」

いきなり後ろから、か細い声が聞こえてきた。

「うわっ！」

振り向くと、そこには以前にも増して弱々しい印象の貧乏神が立っていた。

「なんだか、知らない間にどんどこの部屋も住みづらくなってきましたねぇ……。あなたが片づけを始めて部屋のエネルギー感が高まっているから、わたくしも出づらくなってきましたよ。あろうことか、あんなに芸術的とも言えるほど曇っていた窓もきれいにしてしまっていて、もう最悪ですねぇ……」

「貧乏神先生、お久しぶりですね。3日経っても出てこなかったので、少し心配していたんですよ」

私はしらじらしく、会話をつないでいった。

「そうですか、まあ、ご心配には及びませんよ。回復するのに時間がかかっただけです。それはそうと、座敷わらしの足跡を感じるような気がしますが、ここ最近はどんなことが起こっていましたか……？」

そう貧乏神に質問されて、最近座敷わらしがよく出現するようになってきたことと、近況の変化を報告した。

「それは、いけませんねぇ……。どんどん幸せが連鎖してしまう兆候です。ここは是非とも、食い止めていかねばなりません。今日は少し、不幸について、より核心に迫るレッスンをしていきましょう」

私の近況報告を聞いて、貧乏神は神妙な面持ちになった。

「貧乏神先生、わかりました。では、今日もレッスンをお願いします」

今日は何を教えてもらえるのだろうか。実は私は貧乏神のレッスンが、とても楽しみになっていた。なぜなら、レッスンを受ける度に、私も、私を取り巻く現実も、確実に良い方向へと変化している実感があったからだ。

「まず、最近のあなたについて、駄目出しをしておかなければなりません。少し厳しいことを言いますが、よろしいですか？」

いつになく真剣な顔をしている貧乏神を見ながら、何を言われるのだろうと少し不安になったが、受け入れるしかない。

「大丈夫。なんでも気兼ねなく、言ってください」

「では、さっそくお伝えしていきたいのですが、その前に1つだけ質問させてくださ

い。あなたは最近、幸せを貪欲に追い求めているでしょうか？」

意外な質問に拍子抜けしたが、そう言われてみれば最近の私は、自分から幸せを追い求めることは、特にしていないかもしれない。

「貧乏神先生、幸せを追い求めることは、していないかもしれないわ。でもそれって、不幸になるためには良いことじゃないの？」

そう聞き返すと、貧乏神は間髪入れずに答えていった。

「ダメです。今すぐにでも、考え方を改めなければ危険です。考えてもみてください。あなたはこれまで、貪欲に幸せを追い求めてきました。その結果として、不幸を味わえる環境を手にしてきたのです。

なのに、今のあなたを見ていると、その貪欲さのかけらも感じなくなっているではないですか。腑抜けですよ、腑抜け。以前と同じように、もっとポジティブに、もっと貪欲に幸せを追い求めてください。そうすればまた必ず、不幸の連鎖を味わうことができますから」

確かに最近の私は、焦って何かを追い求めることはなくなっていた。

仲間からの新しいセミナーの誘いも、この前初めて断っていた。

「常に自分の不足感を感じながら、外に何かを求めていくことは、不幸を味わうのにとても大切なことです。なのにあなたの近況を伺うと、最近は内側の自分に満足感を得るようになっているではありませんか……。

そんなことをしていたら、うっかり幸せが向こうからやってきてしまいます。

現に、座敷わらしがちょくちょく、姿を現し始めているようではないですか」

ここで初めて、私に起きていた最近の出来事を客観視することができた。

私のささやかな幸せに座敷わらしが水を差してくる。それに悩まされていたのだが、逆に考えてみると、私がささやかな幸せを感じるようになったからこそ、座敷わらしが寄ってきてくれているのかもしれない。

思い返してみると、座敷わらしと最初に出会った時の私は、座敷わらしに幸せにして欲しいと懇願していた。でも、その願いも虚しく届かず、貧乏神が現れるようになっていた。でも、今の私は、確かに違う。

「いいですか。ここは大切なので、心して聞いてください。

不幸の大原則は、孤独によって成り立ちます。その孤独のために重要なポイントは、一方通行の考え方になるということです。

●心が満ち足りてない
自己啓発本
よくなる
セミナー
どうしよう
どうしよう
●心が満ち足りている
ほめられた！
上司
がんばった！
今日もついてる！！

あなたはこれまで、常に一方通行でした。夫を罵り、上司を嫌い、幸せを追い求めて、自分を客観的に省みることをしなかった。だからこそ、加速的に不幸になることを実現できていたのです。でも、最近のあなたときたら……。考え方がどんどん、双方向になっているではありませんか。

最近あなたが片づけた場所も思い返してみてください。

玄関は内側の世界と外側の世界の境界線になる双方向を象徴する場所です。床も、静と動の行動をつなぐ双方向の場所です。窓も、外からのエネルギーを取り入れ、内にこもったエネルギーを外に出す、双方向の場所です。

これらの場所をこれ以上手入れしてしまうと、これからあなたの身に大変なことが起きますよ。直ちに、行動を改めてください」

私は何も意識せずに、マダムから聞いた場所を片づけただけだったが、貧乏神のレクチャーで、その場所を片づけることの価値を知ることができた。

「何も意識せずにやったことだけど、そんなに深い意味があったのね。これからは気をつけるわ。ほかにも何か、注意したほうがいいことはある？」

「ありますとも。まず、最近のあなたは自分の本音に忠実になってきています。これ

も、かなり危険ですねぇ……。本音はできるだけ閉ざして建前で生きた方が、確実に不幸を味わえる流れに向かいます。

本音を外に出すことは、願いや望みをあっさり叶えてしまう危険な効果が生まれます。人前では、できるだけ取りつくろって、いい格好をしてください。背伸びして、自分をどんどん大きく見せていくのです。決して弱さや本音をさらしてはいけませんよ。ここは本当に注意が必要ですから……」

先日起きていた出来事には、そんな意味があったのか。そういえば私は、マダムに対して弱さをさらけ出し、本音を伝えていた。それがきっかけで、素直だと褒めてもらい、結果的に良いアドバイスをもらうこともできた。それだけにとどまらず、具体的な売り上げにもつながって、上司に認めてもらうこともできたのだ。

自分の実力ではない部分で起こったことだと思っていたので、あまり気にも留めていなかったのだが、とても重要なことだったようだ。

「貧乏神先生、本音は出さないほうがいいのね。わかったわ」

「そうです。本音は隠せば隠すほどに、何を考えているのかわからない人間になっていきますからねぇ。人付き合いにおいて、すれ違いを引き起こし、関係性に亀裂を生

むための最も効果的な方法です。

あなたのダメ夫との関係性も思い返してみてください。

お互いが本音を言えない関係になっているからこそ、愚痴や不平不満が募り、ストレスもどんどん増えていってくれていたのではないでしょうか。

その心理的なストレスの影響で夫のパフォーマンスは低下の一途をたどり、稼ぎもどんどん悪くなることで、貧しい状況に拍車をかけることができていたのですから」

貧乏神の話を聞きながら、私の中でいろんなことがつながってきた。それまでの自分がやってきたことが、ことごとく裏目に出てしまっていた理由も頷ける。

私は常に本音を隠して、建前で生きてきた。人によく見られたいと思って、取りつくろうことが多かったのだ。

アパレルで仕事をしているのも、見た目が華やかに見えるように意識することで、少しでも素敵に見てもらえるように演出をしていた。

でも、その見た目の華やかさとは裏腹に、内面では葛藤が渦巻いていた。

その内面の心理状態が表現されているかのように、部屋も荒れに荒れていたのだ。

「これからは特に、溜め込むことを意識していきましょう。

自分の本音などの心で感じていることから、物理的な物まで、あらゆる物を溜め込んで、外に出さないようにしてください。

そのことを忘れないように、『私は何にも出さない』これを毎日の口癖にしてください。これは、絶対に毎日繰り返し、言葉に出してくださいね。さもないと、うっかり幸せが舞い込んでしまう可能性がありますから。

ここからは一切の妥協なく、不幸へ向かう工夫を凝らしていきましょう」

そういうと貧乏神は、ヨロヨロと押入れに戻って行った。なんだか、貧乏神が外に出る機会が減っている気がする。

「ふう。……さっきの貧乏神の言葉を逆にすると、『私は、すべてを出す』かな。あと、最後の言葉も逆にすると気持ち良いよね。『ここからは一切の妥協なく、幸せへ向かう工夫を凝らす』って、書いておこう」

私は、すべてを出す。貧乏神の言葉を反転させてメモを取りながら、その言葉を口にしてみた私は、なんだか心がざわざわする感覚を覚えた。それは恐怖心や、不安が渦巻くような感覚だ。なんとも言えない感覚になりながら、私はしばらくメモの言葉を眺め続けていた。

ここまでの解説

幸せは相思相愛がキーワード

貧乏神の教えの逆を実践することで、座敷わらしが姿を現す機会も徐々に増えてきています。第2章で貧乏神は「人間は心と現実の状態に矛盾がない時に、幸福感を味わってしまいます」と、話していました。この言葉が本章の相思相愛というキーワードにもつながっているのです。

幸せの基本は、**相思相愛**。一方通行ではなく、**双方向**。

片づかない状況にある人ほど内向的になって、他人と本音でコミュニケーションすることを避ける傾向にあります。そしてそれが極端になると、うつ状態になる人も。ちなみにこのうつ状態を脳科学的な観点から紐解いてみると、神経細胞の情報伝達（ニューロン）とシナプス間の情報伝達）が一方通行になっていることが、近年の研究で明らかになっています。逆に言うと、この一方通行の情報伝達が、双方向で行われるように改善されると、うつ状態も改善されるという研究結果もあるのです。

脳科学の観点から見ても、正常な情報伝達の基本原則は双方向。つまり、相思相愛が大切であるということですね。

貧乏神の教えを受ける前のユカさんは、幸せしか求めていませんでした。ここも、一方通行の発想です。

でも、貧乏神から不幸についてのレクチャーを受けることで、明確に不幸を理解できるようになったからこそ、その対極にある幸せについても、より本質的に理解することができるようになったのです。

物事はすべて表裏一体です。表があれば裏があり、生がある一方で、死も隣り合わせに存在する。私たちは生きることが当たり前だと思っていると、1日の価値をおろそかにしやすいものですが、死ぬ思いをした人、あるいは死ぬ時期が明確にわかっている人は、毎日生きていることの価値を味わいながら過ごすことができます。

物事は双方向の発想、相思相愛の考え方が常に考え方のベースにあることで、すべての発展繁栄に直結していきます。

そこで、物事を双方向の角度から客観的に捉えられるようになる、下記の質問に答えてみましょう。

Q 過去に失敗したことによって、逆に上手くいった経験は何ですか？

（例）思わずお客様に悩み相談をしてしまったら、逆に人柄に共感され商品が売れた。

貧乏神に取りつかれた時から、なぜか幸せが増えてきた。

本音を大切にすると自分に嘘がなくなる

貧乏神は本音を出さずに、建前で生きることが不幸の原則であると話していました。本音を出さないということは、表現を変えると自分に嘘をつくということです。「嘘は泥棒の始まり」という言葉がありますが、自分に嘘をつき続けていくと、まさに泥棒のように『奪うエネルギーが強くなる』という現象が心の中でも起きていくようになります。

相手に何かしてもらいたい。認めてもらいたい。受け入れてほしい。ほしい、欲しい……。というように、本音を隠して生きると「本当はこうしたい」という自分の素直な欲求を自分自身で満たせなくしている反動として、他人や外部に満たされない欲求を埋めようと外へ求めていくようになります。その結果として、相手からエネルギーを奪うような自分が形成されていくのです。

日本人の気質としても、本音よりも建前が大切にされやすいかもしれません。また、人間関係においても、ビジネスシーンにおいても、関係性を崩さないためには、建前はとても大切。

どんな時でも本音でいることが、必ずしも良い結果を生むわけではありませんが、コミュニケーションのベースとして建前が軸になっている

と、自分が本当に大切にしたいことを見失うようになり、本来の自分が望まない判断を繰り返しやすくなっていきます。その自分らしくない判断の繰り返しが、荒れた部屋に表現されているケースは少なくないのです。

それらを踏まえた上で、これから自分の内面を客観視するきっかけとしても、ぜひ一度あなたの部屋を本音という角度から捉え直してみてください。あなたの部屋に、あなたの本音が表現されているかを客観的に感じていくのです。

そこでこれから、あなたの部屋全体を実際に感じて頂きながら、次の質問に答えてみましょう。

Q あなたの部屋に、どれだけ自分の本音が表現されていますか？

（例）持っている沢山の本の中で、好きな内容の本はごく一部だった。
シンプルな収納を買ったけど、本当はもっと可愛い物が欲しい。

自己表現を一貫すると幸せが加速する

「笑う門には福来る」という言葉があるように、幸せがやってきたから笑顔になるのではなく、笑顔になるから幸せは訪れるものです。そこを踏まえた上で、これまでのユカさんのプロセスを少し振り返っていきましょう。

貧乏神と出会う前と後では、ユカさんの行動に1つの明確な違いが生まれています。「世界一不幸になってやる!」と、あまのじゃくになっていた時のユカさんは、常に何かを取り入れようとするインプット（入力）することに意識が向いていました。しかし、貧乏神と出会うことで、インプットに意識が向いていた状態から、自ら積極的に働きかけていく**アウトプット（出力）を主体にした行動**に変化しています。

僕は部屋が片づかない方への心理的なサポートを行う中で、部屋が片づかなくなる人ほど、**他人に気を遣ったり、人に合わせて意思決定をしたり**する傾向が多いことがわかりました。

ここが前項の本音の部分にも通じるのですが、本音に沿った自己表現ではなく、他人に影響されて自己表現することが多くなっている人ほど、片づかなくなる状況が必然的に生まれやすくなるのです。

その理由も、自己表現が一貫していないから。家族の前では、こんな自分。職場の人の前では、こんな自分。友達の前では、こんな自分。という形で、かかわる人によって自分を出す出さないを決めていたり、対応や自己表現を変えたりするかかわり方をしやすいことが、一貫性のない自己表現となり、思考も散らかりやすくなるのです。

だからこそですが、**一貫した自己表現ができる自分作り**をすることこそが、一貫性がある自分らしく片づく人生を創造するための一番の鍵になります。

そのためにも、外部から得た発想で自分磨きをするのではなく、「理想の私は、一貫してどんな自己表現を大切にしているのか？」という問いを、常に自分に投げかけて、その問いで出てくる答えの通りに実際に自己表現していくと、人生は加速的に整うようになっていきます。
ぜひこの問いにも答えてみてください。

Q 理想のあなたは、一貫してどんな自己表現を大切にしていますか？
(例) 好きなものは好き、嫌いなものは嫌いとハッキリ言う。
他人を気にせず「嬉しい！」など自然な感情表現をしている。

座敷わらしと相思相愛になる

貧乏神が、絶対に毎日繰り返すように、と言っていた言葉を反転させたものが、私の頭の中から離れないでいた。

「私は、すべてを出す」

この言葉を、私は何度も言葉に出してみた。その度に、胸の奥に違和感が生まれていく。でも、「これから一切の妥協なく幸せに向かう工夫をする」という決意をもって、違和感があっても繰り返し言葉に出し続けてみた。

「全部出すって、なんかこわい感じがするなあ……。自分の中から無くなっていく感覚がする……」

言葉では全部出すと言いながらも、内心は出すのがこわい。私は1人で何度も声に出して復唱しながら、心の葛藤を繰り返していた。すると……、

「早く出してぇ〜!!」

と、耳元でいきなり叫ぶ声が聞こえてくる。

「何⁉ なんなの⁉ 鼓膜破れるよー‼」

驚いて振り向くと、そこには座敷わらしがいた。

「さっきからぜんぶ出すって言ってるけど、わたしも早くこの家から出してよ～！ ぜんぶ出すんでしょ～！」

いたずらな笑顔で、座敷わらしは真横で私を見つめている。

「あっ、もう、座敷わらしちゃん、いつもいきなり出てこないでよ！」

誰もいないと思って声に出していたのに、座敷わらしとはいえ、ひたすら復唱していたことを聞かれていたのは、かなり恥ずかしい。

「実は、早く出してっていうのは冗談だよ！ 最近ちょっと、面白くなってきてるよね～！ 1人で『私は、すべてを出す！』とか連呼してるし～！ ねえねえ、部屋の中も最近変わってるけど、なんでなんで～⁉」

いつになく座敷わらしが目をキラキラさせながら、私に質問をしてきた。

「いや、ちょっとね。最近心境が変わってきたからかな……」

座敷わらしの無邪気な勢いに押されながら、私はそれとなく答えた。

「そっか～！ 最初はユカちゃんに全然興味なかったけど、最近楽しそうにしているからちょっと気になっていたの～！　わたし、楽しそうにしている人が大好き！　一緒に遊びたくなるしね～！」

想定外だったが、座敷わらしが私に興味を持ち始めている。これは、幸運の兆しなのだろうか。

私は貧乏神の教えの逆を実践することに夢中で、しばらくは座敷わらしのことは頭から離れていた。でも、ここへ来て座敷わらしの方から急接近してきて、私と一緒にいることを楽しんでいる。今までにないくらいに座敷わらしが私に興味を示してくれている姿を見て、自然に言葉が出た。

「座敷わらしちゃん、最初は私に全然興味なかったみたいだけど、今の私のどこに興味を持つようになったの？」

「わたしね～、楽しくて、明るくて、ピカピカなものが好きなの～！　最近部屋も、明るくなってきたでしょ～！　ここに来た時はすっごく荒んでいたのに、ピカピカなところも増えて良い匂いもする場所もあるし～！　それとね～、なんだか最近お部屋さんが幸せそうなんだよね～！」

最近掃除や片づけをしたことが、座敷わらしにも良い影響を与える結果になっていたことは驚きだった。ただ、最後の言葉は少し気になる。

「ねえ、座敷わらしちゃん、お部屋さんが幸せそうって、なんでわかるの？」

私は率直に思った疑問を投げかけてみた。

「なんでって、わたし、お部屋さんと話ができるからね〜！

今までずっとほったらかしにされていたけど、最近手入れしてくれていることが嬉しいって言ってるよ〜！　そうやってお部屋さんが喜んでいて、幸せそうにしている家が、わたしは大好きなの〜！」

私の部屋が、座敷わらしと話をしている。現実的には信じがたいことだが、確かにほったらかしにしていたことは事実だった。

でも、最近は喜んでくれているというのを聞くと、素直に嬉しくなる。

「座敷わらしちゃん、私のお部屋さんがそんなこと言ってくれてたんだね。ありがとう！　お部屋さんはほかにも何か言ってることはあるかな？」

座敷わらしが部屋と会話ができるなら、ほかにも何か話をしているのかもしれない。

私の部屋が普段から何を思っているのかが知りたくなった。

「そうだね〜、お部屋さんはずっと悲しんでいたよ。『部屋が汚い！　こんな部屋は嫌！』って、ずっと言われるって。

住んでるユカちゃんが汚くしただけで、お部屋さんは汚くないのに、ほんとひどいよね～！

お部屋さんはいつもユカちゃんのことを大切に思ってくれているんだよ。ユカちゃんのことが大好きで、あなたと一緒にいるだけで嬉しいんだって。

ユカちゃんがこの家に住むって決めた日からずっと、ユカちゃんが幸せになることを今でもずっと祈り続けてくれてるんだよ。

でも、ユカちゃんはそんなお部屋さんに見向きもしないで、外に出てばっかりで、手入れもせずに、文句を言って物を溜め込むばかり。

なんかお部屋さんが片想いなだけって感じで、可哀想だよね～」


座敷わらしのその言葉を聞いて、私は胸が痛くなった。当たり前だが、人間と部屋は話ができない。だからこそ、部屋に対してあれこれ気にかけるという発想すらない。でも、座敷わらしから部屋の気持ちを聞いて、部屋にも人間と同じような気持ちがあると知った瞬間に、これまでなんてひどいかかわり方をしてきたのだろうと、自分が情けなくなった。

「座敷わらしちゃん、ありがとう。私のお部屋さんは、そんなことを思っていたんだね……。今まで何もお部屋さんに対して考えてこなかった自分が、何だか情けないし、お部屋さんに申し訳ないよね……。

これから私はどうかかわっていけば、お部屋さんは喜んでくれるのかなあ……？」

話しながら部屋の心情を考えてみると、なんだか泣けてきた。私の部屋は、ずっと、孤独だったのかもしれない。そう思った時に、貧乏神の言葉が頭をよぎった。

「不幸の大原則は、孤独によって成り立ちます」

私が住んだことで、部屋は孤独を感じて不幸になってしまっていたのだろうか。

それを考えると、もっと部屋を幸せにしてあげたいと素直に思った。

「お部屋さんはね、ユカちゃんが笑顔で楽しそうに日々を過ごしてくれることを望んでいるんだよ！

ユカちゃんが幸せそうに生きている姿を見ることが、お部屋さんの一番の喜びなんだよね。ただ、少し望むことがあるとすれば、毎日ちょっとだけでもいいから、気にかけてほしいみたいだけどね。

でも、最近は気にかけているよね～！　そのことがすっごく嬉しいんだって！」

私が幸せそうに生きる姿を見ることが、部屋の一番の喜びにつながる。そして、部屋が喜んでいる姿を見ることが、座敷わらしは大好きである。私が部屋をもっと気にかけて、部屋と両思いになることが、座敷わらしの喜びに直結するのかもしれない。

今までの私は、部屋からすると一方通行のかかわりだったのかもしれない。

「独りよがりの、一方通行」

貧乏神に言われた不幸の法則が、また頭をよぎった。

「座敷わらしちゃん、ありがとう。なんか私、もう少しお部屋さんを気にかけて、お部屋さんが私の幸せを願ってくれているように、私もお部屋さんが幸せを感じられるようにしていきたいなって思えたよ。

あ、そうだ！　今のこと、お部屋さんに伝えておいてくれるかな？」

私がそう言うと、座敷わらしは満面の笑みになった。

「うん！　わかった！　そう伝えとくね～！　すっごくお部屋さん喜ぶよ～！

そのことを想像しただけで、わたしも楽しくなってきた～！

じゃあ、伝えておいてあげるね～！　バイバ～イ！」

そう言って座敷わらしは、また姿を消していった。

私は夢中で話をしていたからか、メモを取ることも忘れていた。

でも、今回のことはいつまでも忘れることはないと確信ができるほど、深く心に刻まれていった。

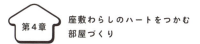

ここまでの解説

座敷わらしのハートをわしづかみにする部屋づくり

ユカさんは一切の妥協なく幸せに向かうために「私は、すべてを出す」という言葉を声に出していきました。その結果として、座敷わらしが現れて、初めて面と向かって会話をする機会も生まれていきました。

僕が普段心の相談を受ける中で、幸せを感じられないという人の、これまで生きてきた過程を振り返ってみると、自分の幸せを妥協してきたことによって、**現状の不満足感**が生まれているというケースは少なくありません。

ユカさんは自分が幸せになるために一切妥協しないことを心に誓いました。それは、本音で思っていたことに素直になった証でもあります。

そうしていると、幸せを象徴する座敷わらしも急接近するようになってきました。明確に心で決めたことで、ズレていた心の歯車が噛み合い、彼女が本来望む方向へと進むスピードが、さらに加速することになったのです。

決めて断ち切ると書いて、「決断」と読みます。

物をなかなか捨てることができない人ほど、決断力に乏しい状態にあるものですが、物を手放していくことの本質は、捨て方にあるのではなく、**決め方**にあると言っても過言ではありません。

貧乏神のレクチャーを受ける前までのユカさんには、「自分がどうしたいのか？」という明確な基準が定まっていませんでした。自分の人生に対する明確な基準がないからこそ、それに沿った判断ができずに、いつも他人や外部に影響された判断基準で決断を繰り返していたのです。

片づけは、何をどこに戻すかという基準が定まっていなければ進まないのと同じように、人生も自分が常にどこへ立ち返るのかという基準がなければ、いつまでも前に進むことなく、流れは停滞していきます。

そこで、人生の基本軸を明確にすることで、より良い未来へと進むためにも、次の質問に答えてみてください。

Q どんなあなたでいれば自他共に幸福感が得られるようになりますか?

(例) 本音に忠実になり、望む未来へ向けて着実に進む自分でいる。

笑顔が絶えない状態で、身近なかかわりあいにこそ感謝する自分でいる。

部屋を愛すると座敷わらしは喜ぶ

ユカさんは部屋と会話ができるという座敷わらしの言葉をきっかけにして、普段自分が当たり前のように住んでいて、特に意識もしてこなかった、お部屋さんの気持ちを知ることができました。

部屋にも魂が宿っている。部屋や物や万物すべてには魂が宿っているという考え方は、日本人特有の神道の教えにも通じます。

ちなみに僕の娘は、大切にした物から生まれる神さま見習いと一緒に過ごす「ヒミツのここたま」というアニメが大好きでしたが、メジャーリーグで今もなお活躍を続けるイチロー選手も、野球を始めた頃からずっと、自分が使う道具を大切に磨き続けているそうです。

以前、イチロー選手の驚異的な能力の秘密を紐解く番組があったのですが、脳科学的な観点から見た時に、そういった道具にまでイチロー選手の神経が行き渡っていることから、バットも含めてイチロー選手であるという結論が出ていました。

僕はこれまで、片づかない方々のご相談を数多く受けてきましたが、皆さん、部屋が「汚い」「片づけたい」「きれいにしたい」とおっしゃるのですが、残念ながら部屋を「大切にしたい」「好きになりたい」「愛情を注ぎたい」と答える人は、ほとんどいませんでした。

その一方で、物心共に豊かで幸せに暮らしている方々に共通していた

ことは、自分の部屋を大切にし、自分の部屋が大好きで、部屋に対していつも愛情を注がれていることを感じる人ばかりでした。つまり、部屋と相思相愛であるということです。

座敷わらしは、お部屋さんが喜んで幸せにしている家が大好き。だからこそ、部屋を片づける、部屋をきれいにするという観点で見るのではなく、**「部屋を幸せにしてあげる」**という発想で今の部屋を捉えてみた時に、今あなたが部屋に対して何をなすべきなのかの本質が、おのずと見えてくるはずです。

そこで部屋に愛情を注ぐ観点を大切にするために、次の質問に答えてみてください。

Q どうすれば、お部屋さんは愛されていると感じると思いますか？

(例) 定期的に拭き掃除をして大切に扱ってあげる。
不必要に背負っている物は減らして身軽にしてあげる。

共通認識を増やすと幸福は連鎖する

ユカさんは貧乏神の教えの逆を実践することに夢中になり、しばらくは座敷わらしのことは頭から離れていました。でも、それが結果的に座敷わらしの方から接近してくるような結果をもたらすことになったのです。

ここでは、ユカさんと座敷わらしとの間に**「共通認識が増えている」**ということがポイントになっています。

これまでのプロセスの中で、ユカさんが一歩一歩実践をしながら大切にしてきたことが、座敷わらしが大切にしている価値観と一致していたからこそ、座敷わらしは共通認識を感じ取って、ユカさんに接近するようになってきたのです。

逆に言うと、これまでのユカさんは貧乏神との共通認識が多かったから、貧乏神が喜んでユカさんに近づいてきていたのでしょう。

これは良好なパートナーシップを築く秘訣でもありますが、好きなものから嫌いなものまで、人生をいつまでも一緒に過ごしていきたいと思う人とは、お互いが大切にしたい**価値観や考え方**が一致する数が多ければ多いほど、長続きするものです。

幸せな人たちは、人の良いところを見て、いつも喜びや感謝を表現して、笑顔と自分の幸せを分かち合える仲間と一緒に過ごしているのです。

あなたにとっての幸せが、より連鎖していくように、次の質問に答えてみてください。


Q あなたが魅力的だと感じる人に共通していることは何ですか？

(例) エネルギッシュでいつも楽しそうにしている。

物を大切に扱うことと同じように、人を大切に想いやっている。

第5章
幸せになる勇気

幸せに選ばれる

座敷わらしに部屋の気持ちを聞いてからの私は、部屋に対するかかわり方に大きな変化が生まれるようになった。

今までは単純に「片づけなきゃ」と思っていただけだったが、これまで苦楽を共に過ごしてきた部屋を、もっと幸せにしてあげたい。いや、今までは苦だけを共にしていたという方が正確だろう。だからこそ、これからは楽を一緒に共有したいなと素直に思うようになった。

「どうすれば、私のお部屋さんは喜んでくれるかな?」

そんなことを考えてみると、部屋に対する思い入れも変わってくる。

私はあれ以来、部屋に対して「行ってきます!」と「ただいま!」の、挨拶をするようになった。それをすることが、いつも私を見守ってくれているお部屋さんに対して、私が毎日できる愛情表現だと思ったからだ。

何よりも、それをすると私が一番気持ちいい。

これまでの私にとって、部屋は単なる部屋だった。でも、その単なる部屋だと思っていた部屋とのかかわり方を見直してみたことで、部屋と心が通うような感覚になってきた。そしてそのプロセスを通して、私自身が、私自身の心を大切に感じるようにもなっていた。

あれから貧乏神は、まだ表に出てきていない。

そしていよいよ明日が、座敷わらしと貧乏神と出会って、ちょうど3週間目になる日だった。結界も明日で消えるのかもしれない。そう思うと、なんとも言えない気持ちが湧き上がってきた。

これまでの期間を振り返ってみると、今までの人生では感じることができなかったくらいに、濃密な毎日だった。短い期間ではあったが、一生記憶に残り続けるだろうと思える、充実した毎日だった。

「明日を迎えると、どうなるのかなあ……。ちょっと、ドキドキ。でも、どうなったとしても、それはそれでいいなって、今は思えるかな」

座敷わらしが突然現れた時は、そのチャンスをつかんで離したくない心境だった。そうすることが、私の幸せにつながると思っていたからだ。

でも、今はもう、そんな気持ちもない。座敷わらしがここにいたいなと思ったら居てくれたらいいし、ほかの場所へ行きたいと思うなら、無理に引き止めもしない。

それが座敷わらしにとっても幸せだろうなと思えるようになっていた。

……と思いつつも、ヒロキも寝静まった頃の深夜に、私はリビングで眠れない夜を過ごしていた。紅茶を飲みながら部屋を見渡していると、これまでのことが走馬灯のように駆け巡ってくる。今日までの約3週間で、劇的な変化が起こったわけではない。ただ、私の部屋も、私自身も、確実に変わっていることは間違いなかった。

「座敷わらしちゃんは無邪気でカワイイけど、貧乏神もいなければいないで、ちょっと寂しかったりするんだよねぇ。なんか、変な感じだけど。なんだかんだで、私にとっては良い先生になってくれていたしね」

最初は貧乏神を追い出そうとしていた私だったが、出てくるたびに明らかに弱っていく姿を見ると、なんだか切ない気持ちにもなっていた。

不幸の神様にさらに拍車がかかって、ある意味不幸に凄《すご》みを帯びてきている。これは貧乏神にとっては、良いことなのか、悪いことなのか、どちらなのだろう。

「まっ、深く考えても仕方がないし、今日はもうそろそろ寝るか。なるようにしか、ならないしね」

ひとしきりこれまでの日々に想いを馳せた私は、お部屋さんにおやすみの声をかけて眠りにつくことにした。


そして、次の日。

小鳥のさえずりが聞こえる中で、私は自然に目を覚ました。ちょど、朝日が昇る時間だ。私は今日も、いつも通り仕事に出かける。貧乏神が出てくるのは、日が暮れた夜のはず。座敷わらしは、朝昼晩と関係なく、気まぐれに出現する。

「座敷わらしちゃんは、どこでどうしてるんだろう。貧乏神は相変わらず、押入れにいるのかな。少し気になるけど、そろそろ仕事に出なくちゃね。

じゃあ、お部屋さん、今日も行ってくるね」

この朝、座敷わらしは現れなかった。もしかしたら、結界が解けて、すでにいなくなっているのかもしれない。気にしても仕方がないことはわかっていたので、私は仕事に集中することにした。

実は最近、仕事がすこぶる調子がいい。あれほど嫌いだった店長とも、ずいぶん仲が良くなった。以前、朝少し早く着いた時に手伝いをしたことがきっかけで、それ以来私も少しだけ早く出勤するように心がけるようにしていた。

店長の手伝いをしながら、それとなく雑談をしていると、今まで知らなかった彼女のことを、どんどん知ることができた。私が彼女の嫌な面だけしか見ていなかっただけで、仕事人として、人間としても、尊敬できる部分が沢山ある人だった。

今は、仕事を辞めたいという気持ちも無くなった。何よりも、日々が充実して仕事に対する姿勢も変わったからか、私の個人売り上げもどんどん上がっている。この調子で店全体の売り上げが上がると、近いうちに給料も上がるかもしれないと店長は話していた。

そして今日の出勤が終われば、また明日から2連休になる。明日からは久しぶりに、ヒロキと1泊2日で温泉旅行に出かけることになっている。

あれほど夫と離婚したいと思っていたが、ヒロキと深く話をするようになってから、私の気持ちは大きく変わった。彼が不器用ながら私のために、いつも色々と考えてくれていたことを、私自身が良く理解ができたこともある。

今回の旅行は、臨時収入があったわけではないが、珍しくヒロキにツキが巡ってきたようだ。独身の同僚が結婚式の2次会のビンゴ大会で当てたペアの温泉宿泊チケットを、奥さんと一緒に行ってきなよと譲ってくれたらしいのだ。

ここ最近は私もセミナーなどに行く必要性を感じなくなったので、付き合いも減り、出費は明らかに減っていた。給料が増えたわけではないが、出費が減ったぶんだけ以前よりも少しゆとりが生まれている。何よりも、焦って何かをしようとしたり、人に合わせて飲み会やイベントに付き合ったりしなくなり、自分の本音に従った選択をするようになってきているのが、私にとっては大きな変化だった。

ここ最近では、仕事でも、ヒロキとの関係でも、プライベートでも、徐々に流れが好転して、上向き始めている確かな実感が生まれていた。以前のような停滞感はなくなり、毎日にハリができて日々が確実に楽しくなっている。

今日も好調に仕事を終えた私は、明日からの旅行に備えてすぐに帰宅することにした。

何気にヒロキよりも、私のほうが温泉旅行を楽しみにしているかもしれない。

「お部屋さん、ただいまー！　今日も絶好調だったよー！」

帰宅した私は、そのまま荷物を置きに自分の部屋に向かうことにした。鼻歌を口ずさみながら、部屋のドアを勢いよく開ける。すると目の前には、弱り切った表情をしている貧乏神がいた。

「あっ、貧乏神先生！　出てきていたのね。もう、ずっと見なかったので、どうしていたのか心配してたんだよ」

今回の言葉は、本音だった。ここ数日はなんだかんだで、貧乏神のことも気にかけていたからだ。

「そうでしたか……。私のことは、ご心配無用です。じきに、良くなっていきますからね。ただ、心配なのはあなたのほうですよ……」

「それって、どういうこと？」

私が近づいて話を聞こうとすると、貧乏神は後ずさりして私との距離を取ってこう言った。

「あなたは、なんだかしばらく見ないうちに、とても幸せに満ちた表情をするようになっているではありませんか。

うっかり近づくと成仏させられてしまいかねない、幸せなエネルギーを放っていま

す。今日は少し距離をとって話をしましょう……」

成仏って……貧乏神は悪霊なのか（？）と思いつつ、私のエネルギー感が貧乏神とは合わないようになっていることだけはわかった。

「貧乏神先生、わかったわ。今日はこれ以上近づかないようにするね」

そう言いながら、距離感を保ったまま話を続けようとしたその時。

「あれー！　今日はおじちゃんもいるんだ〜！　久しぶりだねー！」

どこからともなく座敷わらしが現れ、

「ねえねえ、何してるの？」

座敷わらしは目をキラキラさせながら、私たちの様子に興味津々で質問してくる。

「あっ、座敷わらしちゃん。今ね、貧乏神先生とお話をしようと思ってたとこなんだ……」

空気を全く読まない座敷わらしに配慮しつつ、状況を説明する。しかし……。

「えっ！　おじちゃんって、先生だったの!?　スゴーーイ！

なんの先生？　気になるぅ〜！

あれ？　そういえば、なんで話をするのに、そんなに離れてるの〜？

ユカちゃんおかしいよー！　もっと近くで話しなよ～！」

「いや、それは、あの……」

理屈が通じない相手に説明する時ほど、困る状況はないものだ。座敷わらしになんて説明すれば良いのか、言葉が見当たらない。そうやって私が考えあぐねていると、貧乏神が口を開いた。

「これはこれは、座敷わらしちゃん。いつぞやぶりですねぇ……。

少し私の体調が思わしくないので、ユカさんには距離をとって頂いているのです。

それはそうと、もう結界はなくなっているのですよ。すでにあなたは自由の身です。この家から出られることを待ち望んでいたでしょう。

さあ、今からすぐにでも脱出してはいかがですか……？」

座敷わらしとの距離感も気にしながら、力なく貧乏神が話をすると……

「あっ、もう結界なくなってたんだぁ～！
でも、わたしまだここにいたいんだよね～！
お部屋さんも大好きだし、ユカちゃんと一緒にいると楽しいしね～！」

そうやって無邪気に話す座敷わらしの言葉を、バツが悪そうに貧乏神は聞いていた。
それにしても、座敷わらしがこの家にいたいと言ってくれていることは、素直に嬉しかった。

しかし、貧乏神はここ一番の力を振り絞って、語気を強めて話し始める。

**「座敷わらしちゃん、あなたには重要なことを伝えなければなりません。これは気の弱いユカさんの口からは言いにくいことでしょう。ただ、これははっきりとしたほうが良いことです。
率直にお伝えしますが、ユカさんは、あなたと一緒にいたくないのです」**

いつになく貧乏神がストレートに言い放った。それを聞いた座敷わらしは、みるみるうちに目に涙を浮かべながら、

「ユカちゃん、そんなこと思ってたの？　ひど〜い！　今まで一度もそんなこと感じなかったのに……。

悲しいよ。最近一緒に楽しく話してくれていたのも、全部ウソだったの？

ズルいよそんなの‼　なんでわたしにウソついてたの？　ねえ、なんで⁉」

感情豊かな座敷わらしは、涙目でまくし立てるように私に話しかけてくる。

でも、貧乏神と板挟みになっている私は、何と言って良いのか言葉を出せずにいた。

「ユカさん、何を黙り込んでいるのです。もう、あなたの口からハッキリと言ってあげなさい。私は不幸になるために、貧乏神とこれから一生暮らしていくんだと。そうしっかりと意思表示をしてあげるのも、優しさというものですよ！」

貧乏神のその言葉で、私は我に返った。確かに、私は嘘をついていた。でもそれは、座敷わらしにではなく、貧乏神に対してだった。貧乏神とのやり取りの中で、私は確かに成長していった。でも、それは反面教師にして実践していったからだ。

出会った時は避けたい存在だった貧乏神も、かかわっていく中で、情が生まれるようになっていた。だからこそ、いつしか貧乏神にも配慮してかかわろうとする自分になっていた。

「ユカちゃんって、不幸になりたかったんだ。変わってるね……。

でも、お部屋さんは、ユカちゃんが不幸になることは望んでいないからね！」

座敷わらしのその言葉が胸に刺さり、私の中で何かが吹っ切れた。

「貧乏神先生……ごめんなさい！　私ずっと、嘘をついていたの。

不幸になりたいなんて、嘘も嘘、大嘘よ！　本当は幸せになりたいと思っていたの！

でも、いつもうまくいかなくて、空まわりして、どうしようもない日々だったから、
素直になれずに、そう言ってしまっていただけ。

私は幸せになりたいと思っているし、一切の妥協なく幸せになると決めたの！

だから、だから、だから……」

突然湧き上がってきた抑えきれない感情をそのままに、私は何も考えずに言葉を綴っていた。しかし、その言葉をさえぎって、貧乏神が語りだす。

「……ユカさん、もういいです。あなたの気持ちは十分に理解しました。

いいや、ずっと前から薄々は感じていたというほうが正しいでしょう。なぜなら、不幸の神様であるわたくしが、幸せを味わってしまうことになったのですから。

わたくしは本来、人間から忌《い》み嫌われる存在です。そしてそれを、わたくしも望ん

でいます。なのにあなたはわたくしを嫌うどころか、先生と慕ってくれて、メモに取りながら親身になって話を聞いてくれていました。

もう、その時点で私の身には異変が起きていたのです。不幸の神様であるわたくしの中に、幸せが芽生え始めるという異変が。

わたくしは幸せを感じてはいけない神様です。でも、あなたといると、それを味わってしまう。このままでは、わたくしの存在意義がなくなってしまいます。今のあなたの言葉を聞いて、わたくしにも踏ん切りがつきました。

あなたもようやく、自分の心に素直になりましたね。もうわたくしがここにいる意味はありません。潔くわたくしが、身を引くようにします。

ただ、最後に1つだけ、あなたに忠告があります。

もし、あなたが再び自分に嘘をつくようなことがあったら、またわたくしはあなたの前に姿を表すようになるでしょう。なぜなら、不幸は自分に嘘をつくことから始まり、貧しさは自分に嘘を重ねることで拡大していくものですから。

さて、もうわたくしもここにいるのは限界です。そろそろ、おいとまするとしましょう。

あなたとの日々は楽しいものでした。少し寂しくはなりますが、その寂しさこそが、わたくしにとっては蜜の味ですからね。またいつか出会える日を、心待ちにしておきます。どうか、お幸せに」

そういうと、貧乏神は静かに姿を消していった。

不幸の神様である貧乏神が、最後に私の幸せを願ってくれていたことに、どんな意味があるかはわからない。

ただ、その時の私は素直にその言葉を受け取り、押入れに手を合わせて、感謝の気持ちを貧乏神への祈りに込めていた。

ここまでの解説

欲求をコントロールする意志を育てる

貧乏神はとうとう、ユカさんの前から姿を消すことになりました。

ユカさんが本当の望みを言葉に表現したことで、ユカさん自身の心と現実が一致した結果、自然と貧乏神が去っていくことになったのです。

これまでユカさんは、部屋という物理的な環境に向き合い、自分の心という内面的な部分に向き合ってきました。こうして外側と内側の両面からアプローチする形で自分に向き合っていくと、自分がどんどん明らかになります。

すると自分に曖昧《あいまい》な部分がなくなっていくことで、「自分が大切にしたいこととは合わない物事」も、必然的に増えていくようになります。

貧乏神は最後、ユカさんと距離をとるようになっていました。それはまさに、一緒にいることが**エネルギー的に合わなくなっていた**からです。そしてこの部分こそが、幸せに向かうためにとても重要なポイントになることです。

幸せになりたくても、なかなかそうなれない。そう思う時ほど、無意識では不幸でいることを選択しているケースが少なくありません。

その理由は、不幸でいるほうが、心理的には圧倒的に自分が**満たされる**機会が増えるからです。

前項で、お互いの共通認識が多ければ多いほど、幸福感はもたらされていくことに触れていました。人が本能的に不幸な選択をしやすい理由は、不幸でいたほうが**共通認識が多くなりやすい**からです。

「それ、私も一緒。わかるわぁ〜」というように。

人の不幸は蜜の味と言いますが、ダメな自分を演じていたほうが、他者からの共感や理解や承認が直接的に得られやすくなります。

人間には承認欲求というものがあり、誰かにわかってもらえることや、

人から認められることを、本能的に求めていく心理傾向があるのです。

ユカさんは、貧乏神に情を持つようになっていました。いつしか貧乏神に配慮しながら、コミュニケーションを取るようになっていった。

そうなった理由も、貧乏神がユカさんのことを、**常に認め続けていた**からです。

貧乏神に出会う前までのユカさんは、他人と比較し、自分を責めて、いつまでも自分を認めることができていないサイクルで過ごしていました。

そんな中で出会った貧乏神はユカさんのことを「あなたは本当に素晴らしい」と、常に伝え続けていました。それによって、今まで満たされてこなかった、ユカさんの承認欲求は飛躍的に満たされていったのです。

でも、欲求を満たしたからといって、幸せに向かうことはありません。

欲求は欲求でしかなく、お腹が減ったら食事をすることと同じように、不足しているものを一時的に満たすだけ。

でも人は、欲求を満たすことに翻弄されて、そのために人生のほとんどの時間を費やしてしまうものです。

本当の幸せを手にするためには、**勇気**が必要です。欲求に流されず、欲求に翻弄されずに、欲求にコントロールされるのではなく、自分を律して、自分で欲求をコントロールしていく必要があります。

そのために重要な鍵が「**意志の力**」なのです。

ユカさんはこれまでの行動を通して、意志を少しずつ育んでいました。一歩一歩行動して確実な成果を感じ続けることで、最初に決めた「絶対に、私は幸せになる！」という意志を育て続けていたのです。

最後に貧乏神に対して、「本当はどうしたいのか？」という意志を貫き通せたのも、それまでの積み重ねがあってこそでした。

意志は、その意志に沿った**具体的な行動を積み重ねていくこと**で強化されていきます。そして、部屋のような環境や自分以外の物事に意志を反映させていくと、自力だけではない他力も活用した上で、さらに意志を強化できるのです。

ユカさんが部屋を一歩一歩整えていくことで、お部屋さんにユカさんの意志が伝わるようになっていました。そのお部屋さんに伝わっていた

意志を座敷わらしが伝えてくれたことで、ユカさんは吹っ切れることができたのです。でもきっかけはお部屋さんの言葉であったとしても、その言葉が生まれる出発点はユカさん自身の行動があってこそ。

自分の意志を明確にして、その意志を育てて、周囲に意志表明をし続けていく。この単純な繰り返しが、**人生を整える肝**になっていきます。

そして、欲求に流される生き方から、自分の意志を貫く生き方にシフトしていくことこそが、より豊かで幸せに満ちた人生を創造する鍵にもなります。

そこで、あなたの意志の力を育てるために、次の3つの質問に答えてみてください。

Q 本当のあなたは、どうしたいと思っていますか？

（例）一切の妥協なく幸せになりたい。

素直な自分を表現したい。

Q そのあなたの意志を強化するために、今日から何ができますか？

（例）今日から少しでも幸せを感じられる行動をする。（片づけ等）

まずは素直な気持ちを繰り返し言葉に出してみる。

Q あなたの意志を思い出すために、どんな工夫ができますか？

（例）自分の意志を反映した環境を整える。

自分の意志を強化できるように口癖のように常に言葉に出す。

幸せと不幸は同居できない

貧乏神と座敷わらしが対峙した時、ユカさんが本音に忠実になり、幸せを選ぶことで、貧乏神はそこにいることができなくなり、自ら身を引くことを決意しました。

貧乏神と座敷わらしは、相反する性質の存在です。

一度意識的に試していただけるとわかりますが、笑顔になっている時に、不安を感じることはできません。大空を眺めている時に、心が窮屈になることもありません。スキップをしながら、恐れを抱くこともできないもの。

水と油が混ざり合わないように、不幸と幸せが同居することもできないものなのです。

ユカさんが3週間の中で最も大きく変化したことは「自分にとっての幸せを選ぶようになった」ということです。

小さなものから大きなものまで、日々の些細な出来事の中で生まれていく、幸せと不幸に分かれる決断の瞬間に、ユカさんは自分にとって幸せな方を選ぶようになっていきました。

心はコロコロ変わるから「ココロ」とも言われていて、1日に数万回も移り変わっていると言われるくらいに、些細なことで心の状態は常に変化するものです。

そしてこの目に見えない心は、外部刺激に反応して簡単に変化してい

きます。例えば、今まさにあなたは、本書を読んでいく中で少なからず、読む前の自分とは違う心の状態に変化しているはずです。

この繊細で移り変わりやすい心を幸せな方に向かうように**舵取り**をしていくことが、より豊かで充実した人生を送るためのキーポイントになるのです。

部屋の片づけをすることや、環境を整えていくことは、心地良い感情を味わえるだけではなく、移り変わる自分の心を、間接的に舵取りをしやすくなる部分に最大のメリットがあります。

ちなみに「心の舵取りをする」という観点でユカさんの行動を見ると、ユカさんが無意識で行っていたことが、結果的に自分の心が幸せに向かうための舵取りをするきっかけになっていました。

例えば、リビングテーブルに物を置かなくなったことで、わずかな時間でも紅茶を飲みながら自分の心を落ち着かせる時間を持てるようになりましたし、玄関にアロマの香りを利用してみることで、朝出かける時や、帰ってきた時にも、気持ちのリフレッシュができるようになっていきました。そしてこれは、ヒロキさんの心にも良い影響として派生していくことになったのです。

心の舵取りをするためには、自分の心が普段どんなことに、どんな反応をしているのかを、客観的に知っていくことが大切です。その上で、自分の心が幸せな方向へと向かうように舵ができる工夫をしていきましょう。

そこで、心の舵取りをする力を養っていくためにも、**自分を客観視**するための次の質問を自分に問い続けてみましょう。

Q 次の出来事に対して、あなたの心はどんな反応を示しますか?

(例) かわいそうな人が目の前にいる。↓ 同情して心が傷む。

無邪気で楽しそうな人が側にいる。↓ 自分の心も楽しくなる。

自分で幸せになる勇気を持つ

深層心理を紐解くと、片づかない人ほど他人に合わせる傾向にあることがわかります。

できるだけ他人に誤解されないように、できるだけ他人と衝突しないように、できるだけ他人と仲良くできるようにする等々、他人と自分にズレがないように意識することが軸になっている人ほど、片づかない状況が生まれているのです。

でも、貧乏神がユカさんの元から立ち去ったように、もしあなたが変われば、あなたの元から離れていく人も必然的に出てくるようになります。あなたにとっての幸せを手にするためには、自分と他人は違うものだと明確に認識して、他人に何を言われても、自分でいる勇気も必要になるのです。

他人を軸に承認欲求を満たそうとすると、必ず満たされないタイミン

グがやってきます。常に欲求不満になる可能性をはらみ、他人に嫌われるとその欲求が満たされない可能性も高まるので、望まない関係であっても無意識でつなぎとめようともしてしまいます。

これはつまり、幸福感を自分でコントロールできない前提で生き続けるということです。

ユカさんは日常の中で地道な一歩を歩くようになってから、他人に何かを求めることもなくなっていき、自分で自分を認められるようになっていきました。

そうすると逆に、追い求めても離れていった座敷わらしの方から、不思議とユカさんの方へと近づいてくるようになったのです。

このように、自ら幸せを創造していくスタンスが、幸せをさらに加速させてくれる好循環を生み出してくれます。そして、その自ら幸せを創造するための簡単なことが、できたこと、できていることを**自分で認め続けていく**という単純な自己承認のプロセスにあるのです。

日々の中でどんな取るに足らない些細なことであっても、自分ができたことや、できていることを自分で認めることができると、他者に依存しない自立的な幸福感を日々の中から得られるようになっていきます。

そして、自分で自分の欲求を満たせるようになると、内から湧き上がる幸福感がにじみ出てくるようになるので、他者へ対しても好循環が生まれる良い影響力をもたらせるようになります。

そこで、毎日１つで良いので、できたこと、できていることを認めるために、手帳やメモ帳に記録してみましょう。その練習として次の質問も活用してみてください。

Q 今の自分が、できたこと、できていることは何ですか？

(例) いつもより早く起きることができた。
今まで言えなかった本音を少しだけ言えるようになった。

座敷わらしの悲しみ

私の前から、貧乏神が去っていった。それは本来喜ぶべきことなのかもしれない。でも、私にとっては幸せになるきっかけをくれた存在だったので、少し複雑な心境でもあった。

「貧乏神も、いなくなったらいなくなったで、ちょっと寂しいかもしれないな。私は良い生徒ではなかったけど、貧乏神は私にとってはいい先生だったしね……」

私はしばらく、貧乏神がいなくなったことを感じながら呆然と立ち尽くしていた。

すると、座敷わらしがいつもとは違うトーンで話しかけてきた。

「おじちゃん、どこかへ行っちゃったね。なんか、寂しいね。わたし、寂しいのは嫌い……」

いつも笑顔で無邪気な座敷わらしが、珍しく悲しそうな表情を見せている。そしてそのまま座敷わらしは、とぼとぼと私の部屋から出て行った。

「座敷わらしちゃん、どうしちゃったんだろう……」

いつもと調子が違う姿を見て少し気になったが、私も我に返って改めて自分の部屋を見ると「散らかしていいスペース」が、とても気になってきた。

「そういえば、貧乏神が住んでいたから手をつけなかったけど、いなくなったらなんか気になってきたよね。押入れなんて、荷物の山があってもう何年も開けてなかったけど、この機会に片づけてみるか」

貧乏神がいなくなってから、開かずの間となっていた押入れがやけに気になるようになる。

私は、貧乏神がいなくなって生まれたなんとも言えない気持ちを紛らわすよう

に、片づけに没頭することにした。

「あれ、そういえば貧乏神が、私といて楽しかったって言ってくれてたよね。しかも、幸せを感じるようになったとも。

よく考えてみたら、不幸の神様を幸せにした私って、最強じゃない？」

無心で片づけを始めた瞬間、私の中に1つの気づきが降りてきた。貧乏神の教えの逆を実行すると、幸せになるかもしれない。そう思って、愚直に実践し続けていった私。それをしたことで、今の私に劇的な変化が生まれたわけではないが、確実に幸福感は増えて日常生活も好転していくようになった。

何よりも、結界が消えた今もなお、座敷わらしはこの家にいることを選んでいる。

「よく考えたら、不幸の神様と一緒にいて幸せになっているんだから、この先もう、私は何があっても幸せになるしかないんじゃない？　これ、すごくない⁉」

急に降りてきた気づきにテンションが上がり、片づけの勢いもさらに加速する。

速やかに押入れをふさいでいた荷物をどけて、いよいよ貧乏神が住んでいた押入れを開ける時がやってきた。

「ここを開けるの、何年ぶりだろう。ずっと放ったらかしにしてたよね。ちょっとドキドキするなあ」

中は相当ひどい有様になっているのだろうと予想しながら、開かずの間の封印を解くことにした。ゆっくりと押入れを開けてみると……。

「あれ？ 意外！ 全然荷物とか入ってないや。ここ、収納スペースにできるよね」

意外にも、押入れには荷物はほとんどなかった。よく考えてみると、収納するのが面倒で、後でやろうと思って押入れの前に仮置きしていたのが、積もりに積もって、今に至っていたのかもしれない。あっけにとられながら押入れの中を見渡すと、小学生の頃の卒業文集が目に留まった。

「わ、懐かしい。ここにしまいこんでいたんだ。私、この時何を書いたっけ？」

卒業文集を手に取った私は、幼い頃に自分が書いた将来の夢を見ることにした。

「私の将来の夢は、結婚して幸せな家庭を築くことです。家族と毎日楽しく過ごせるように、素敵なお嫁さんになります」

そこに書かれてあったことは、壮大な夢ではなく、ありふれた普通の夢だった。

でも私はその内容を見て、知らず知らずのうちに涙があふれてきた。

「そうだったよね……。あの頃、こんなこと書いてたよね……。私、小学校の頃の夢、叶えてるじゃん……。素敵なお嫁さんかどうかは別だけど……」

私は卒業文集を読み、しばらく忘れていた子ども時代のことを思い出すにつれて、涙が止まらなくなった。

私には生みの親の記憶がない。

物心がついた時にはすでに、養女として育てられていたからだ。そのことを知ったのは、思春期を迎えた高校時代だった。

些細《ささい》なことが積み重なって親と大喧嘩《おおげんか》した時に、

「あんたなんて、親でもなんでもない！」

と、思わず言ってしまったことがきっかけで、本当に実の親ではなかったことを知らされることになった。

私は幼い頃から感情をあまり出さずに、どこか子どもらしくない冷めた部分があった。それも今となっては、生い立ちが原因だったのだろうとわかる。

この文集を書いた小学生の頃は、まだ養女であることに気づいていなかった。

でも、どこかで家族に対しての違和感を持っていたからこそ、将来の夢として書いていたのかもしれない。

「普通の、家族としての幸せが、私は欲しかったんだよね……」

幼い頃に書いた卒業文集の将来の夢。それを見て当時を思い出したことで、ここ数年の中で右往左往しながらやってきたことのすべてが色褪《あ》せていった。

「私、何やってたんだろう……。自己啓発セミナーに行って『1億稼ぐぞー！』とか、言ってたりもしたけど、もうほんとそんなこと、どうでもいい。

お金を稼いでキラキラしている人たちがうらやましかったけど、私の幸せは明らかにそこじゃなかった。ほんと、どうかしてたね、私……」

急に目が覚めた感覚になった私は、ふと貧乏神の言葉を思い出した。

私が片づけを始めた時に「絶対に押入れだけは手出しをするな」と忠告したのは、今思うと、貧乏神は卒業文集のことを知っていたからかもしれない。

でも、あの時に押入れを開けたとしても、私は卒業文集に目を留めていなかっただろう。なんだか、そんな気がする。

ひとしきり過去を思い出して涙を流した後は、とても心が穏やかになり、地に足がついたような感じがした。

そして、その姿を見ていたのか、座敷わらしが私に歩み寄ってきた。

「ユカちゃん、泣いてたけど、何かあったの？」

キョトンとした表情で、座敷わらしは私に質問をする。

「いや、片づけをしてたらちょっと昔を思い出してね……。私、小さい頃ずっと寂しかったんだなって気づいたら、なんだか泣けてきて……」

私は何も考えずに、素直に今の心境を話していた。

すると、座敷わらしから意外な言葉が返ってきた。

「ユカちゃん、わたしも、ずっと孤独だよ。

人間はわたしに、興味ないだろうしね。興味があるのはわたし自身じゃなくて、わたしと一緒にいると幸せになれるっていう効果だけ。

わたしから幸せをとったら、ただの迷惑な子どもなんじゃないかな」

座敷わらしのその言葉を聞いて、私は何も言い返せなかった。確かに私自身も最初に出会った時に、「幸せをもたらしてくれる存在だから」一緒にいてほしいと思ったからだ。

「まあ、それはそれで、別にいいんだけどね。

それもあって、わたしのお友達はお部屋さんだけなの。

でも人間はみんな、不幸な時はお部屋さんをほったらかしにするし、幸せになってきたら、なってきたで、外へ出て行くようになって、またお部屋さんをほったらかしにする人が多いんだよね。

わたしにはそれをどうにもできないし、お部屋さんが寂しそうにしてるのも嫌だから、結局出て行っちゃうんだ。

あ、人間にこんな話すること、今までなかったな。

ユカちゃんって、なんか不思議な人だよね」

いつも明るい座敷わらしにも、こんな想いがあったのか。それを知ると、とても愛おしく思えてきた。そして、私の中で1つの決意が生まれた。

「座敷わらしちゃんも、今まで色んなことを感じてきたんだよね……。なんだか、そんなことも知らずに今までごめん。

でも、私今決めたんだ。よかったら私と友達にならない？　これから一緒に、いっぱいいっぱい、色んな楽しい思い出を作っていこうよ！

嫌になったら、出て行ってもいいからさ。

どうせ私は、幸せになっちゃうんだから。貧乏神と一緒にいても、幸せになったしね！　私は、座敷わらしちゃん自身が大好きだよ！」

座敷わらしが感じてきたことが、どこかで私の子どもの頃と重なる部分があった。

だからこそ、私は単純に座敷わらしを幸せにしてあげたいと思った。

人に幸せをもたらす存在が、ずっと孤独でいるなんて考えられない。

私もずっと孤独を感じてきたからこそ、少なからずその寂しさは理解できるつもりだ。貧乏神が去って行った時に、座敷わらしが寂しそうな表情になったのも、今では頷《うなず》ける。

「そんなこと言ってくれたの、ユカちゃんだけだよ〜〜」

そう言って座敷わらしは、その場でわんわんと泣き始めた。

それはまるで、迷子になった子が、親を見つけた安堵で泣きわめくような姿だった。

私たち夫婦には、子どもがいない。理由は、私が子どもを作るのが怖かったからだ。

自分の生い立ちがあったからこそ、どこかで子どもを産んでも不幸にしてしまうかもしれない、という恐れがあったのだ。

でも、これからは座敷わらしを自分の子どものように、愛情を持ってかかわってみようと思っている。

それが自分の過去を肯定することにつながり、何よりも、私自身の幸せにつながっていくのだから。

ここまでの解説

座敷わらしが一生離れない部屋づくりとは？

ユカさんは、貧乏神が住んでいたスペースの片づけに取り組んだことで、小さい頃に忘れていた夢を思い出すことになりました。そしてその夢は、ユカさんが本来望んでいた幸せを表すものでもありました。

人間は、良くも悪くも、忘れていく生き物です。忘れることができるからこそ、辛いことも乗り越えていくことができる。でもその反面、忘れるからこそ、自分にとって大切なことさえも意識し続けないと記憶の彼方へと消えていってしまいます。

部屋はあなたの心を映す鏡です。

だからこそ、部屋を見つめていくと、自分でも忘れてしまっていたあ

なたの**本音を知るヒント**が沢山詰まっているのです。そこに良い悪いはなく、それをどう自分の人生に活かしていくのかが大切です。

座敷わらしが一生離れない部屋づくりとは、いったいどんなものでしょうか。実は、そこに明確な答えはありません。

僕は今の仕事を通して、数多くの部屋とそこに住む人の心理を見つめてきました。

その現場で感じたことは、一般的に言う「部屋をきれいにすると幸せになる」という考えは、机上の空論に過ぎないということです。

事実、ここ2年〜3年では、部屋がきれいな人のご相談がとても増えています。それでも幸せを感じない人や、きれいな状態に保つことに神経を使うあまり、それが原因で家族関係がギクシャクしてしまうケースも少なくないのです。

これらの事例を見てきた上で、一生座敷わらしが離れない部屋づくりをあえて定義するならば、**「それは人づくりにある」**と、結論づけられます。部屋づくりの本質は、人づくりです。

そして、人間が人間たる所以は、**心がある**ということです。

だからこそ、その**心を育てて、心を形にしていく**ことこそが、人間として生きる醍醐味なのだと、僕は今の仕事で痛感してきました。

ぜひ、あなたの部屋に、あなたの心を表現することを大切にしてみてください。そこに**正解はありません。**

心は、常に揺れ動き変化していきます。それと同じように部屋の状態も、その時々の心の状態で変化して当然のものなのです。

それを1つの正解という枠に収める必要はなく、常に**心の有り様に合わせて、変え続けて良い**のです。

ただ、その中で唯一大切にしていただきたいのは、**部屋に愛情を持ってかかわる**ということです。それは、あなた自身の心に愛情を持ってかかわることに直結していくからです。

ユカさんは当初、座敷わらしに幸せにしてもらいたいと思っていました。でも、今は逆に、座敷わらしを幸せにしてあげたいと考えるようになりました。そしてそのためにも、一緒に楽しい思い出をいっぱい作ろうと話をしています。

あなたの部屋には、今、どんな思い出が詰まっているでしょうか？

そして、これからどんな思い出を刻みたいと感じるでしょうか？

部屋に楽しい思い出があれば、必然的に部屋に戻りたくなります。逆に辛い思い出しかなければ、部屋には帰りたくなくなります。

部屋は生活の基盤であり、**あなたが戻ってくる場所**です。

だからこそ、あなたが戻りたくなる環境に整えていきましょう。自分が自分でいられる唯一の場所。それが、あなたの部屋です。

最後に、あなたが戻る場所をあなたらしく整えるために、次の質問に、答え続けてみてください。

Q どうすれば、あなたが戻りたくなる部屋になりますか？

（例）好きな本だけを置いて、ゆっくりくつろげるスペースがある。
好きな香りや物があり、心を常にリセットできる環境にする。

エピローグ

あれから私は、座敷わらしちゃんと仲良く過ごしている。そして現実も、おかげ様でより良い方向へと進んでいた。

あれほど問題だと思っていた借金については、知人に弁護士を紹介してもらい、債務を3分の1に軽減することができた。

月々の支払いも減り、生活は確実に回るようになっている。

「起業で成功して借金も完済！　人生がバラ色になりました！」……と言えたならカッコ良かったかもしれないけど、そうじゃないところに落ち着いたのも、私らしいと今では思えている。日々に焦ることなく、幸せに過ごせるようになっているのが一番だからだ。

ただ、少しずつではあるが、お金にも恵まれていくようにもなった。あれほど辞めたかった仕事でも評価されるようになり、ここに来て給料も上がるようになった。

離婚したいと思っていたヒロキとも、新婚当初の気持ちを思い出しながら、今は新鮮な気持ちで良好な関係を続けている。

彼には座敷わらしちゃんは見えていないようだが、それはもう私だけの秘密ということで、何もないように振る舞うことにした。

ただ、座敷わらしちゃんを連れて来てくれたのは、間違いなくヒロキがきっかけであり、彼が本来持ち合わせていた子ども心こそが、今の幸せにつながっている。

そのことを自覚できたからこそ、今はヒロキを責めることもなくなった。

思い返してみると、貧乏神の教えを反転させることで、私の生き方も逆転するようになった。そして何より、それはどんな状況であったとしても、自分次第で状況は好転させられるという自信にもつながった。

もし、私がまた貧乏神に出会うことになるとしたら、それは自分を見失ったときだろう。ただ、その時が来たとしても、今回のことを思い出せば、また私の人生は確実に好転していくという確信がある。だから大丈夫。そう思えている。

今日はヒロキと、私のお気に入りのオーガニックレストランでデートをする日だ。

座敷わらしちゃんは、家で留守番をしている。私のお部屋さんも最近はとても上機嫌なようで、座敷わらしちゃんも喜んでいる。

「こんばんは！　今日は夫と一緒に来ました〜！」

お店に入ると、まだ客は誰もいなかった。

「ユカちゃん、いらっしゃい！　あら、今日は旦那さんを連れて来てくださったのね。いつもありがとう。どうぞ楽しいひと時を過ごしていってね！」

オーナーと挨拶をした後は、お気に入りのお酒を注文して、2人で乾杯をした。その頃からほかのお客さんも続々と入って来て、お店が賑わうようになる。

「お待たせ！　今日はお2人のために、特別メニューを添えておきました～！ほかのお客様には内緒ですよ！」

「わあ！　ありがとうございます！　嬉し～い！」

オーナーの配慮に、思わず喜びの声を上げてしまった。

「それにしても、ユカちゃん、本当に表情が変わったね！　とっても幸せそう。実は最近、ユカちゃんが来てくれると、自然にお客さんが入って来てくれるんですよ～！うちの店が賑わっているのも、ユカちゃんのおかげかも！」

オーナーが笑顔で話す言葉を、ヒロキもまんざらではなさそうで、嬉しそうに聞いてくれている。

「なんだかユカちゃんって、
座敷わらしみたいな存在だよね！」

あとがき

今回は貧乏神と座敷わらしという架空のキャラクターを元にしてお届けしていきました。読み終えて、いかがでしたでしょうか。

実は、今回描いた物語のほとんどが、実際の現場でのエピソードを元にしたものです。現実に実在する人物と、そのやり取りから生まれた物語ですので、限りなくリアルに近いフィクションでお届けしてきました。

僕は、「片づけ」という分野を心理的な角度から見つめるという、ある種特殊な立ち位置で仕事をさせて頂いています。

クライアントさんには部屋が片づかないという悩みの人もいれば、逆に、世に言われている片づけメソッドの通りに実践をして、部屋はきれ

いに片づいているにもかかわらず、やはり人生がうまくいかずに幸せになれないと嘆く方もいます。

そういった方々の相談を受けるにつけ、部屋づくりには、「これが正しい」という絶対的なものはないのだということを、つくづく実感しました。

あなたに合うノウハウがあれば、実行すればいいし、合わなければ違うことをすればいいだけです。その上で、最後にあなたにお伝えしたいこと。それは、「幸せも不幸もあなた自身で選べることである」ということです。

貧乏神は、ユカさんを不幸にすることができませんでした。それどころか、貧乏神自身が幸せを感じてしまうことにもなっていきました。

さらに、座敷わらしに頼らずとも、ユカさんは幸せを手にすることができただけではなく、座敷わらしをも幸せにするぐらいのエネルギーも生まれました。

誰かがあなたを不幸にすることはできないし、誰かがあなたを幸せにすることもできません。人生の主導権は、常にあなたにあるのです。

また本書は、「お金と幸せ」がテーマですが、お金を増やす具体的な方法が描かれているわけではありません。ただ、本書を読んだ後、何か1つでも実践していただければ、お金に対する考え方や、お金のめぐりも確実に変わっていくことはお約束します。

そして、幸せに直結するのは、お金が沢山あることではなく、「必要なぶん」があること。これは、金額が重要ではなく、金銭感覚が重要だということです。

本当はまだまだお伝えしたいことはあるのですが、その中のエッセンスをよりシンプルにまとめて本書に凝縮していきました。本書を「教科書」としてではなく、あなたらしく生きるための「参考書」としてご活用いただければ何よりです。

最後になりますが、本書を出版するにあたり、関係者の皆様には本当にご無理を言いながらも、精一杯ご尽力頂きました。編集をご担当いただいたWAVE出版の佐藤さん、とても愛らしいイラストを描いていただいたぱんだにあさん、デザイナーの千葉さん、DTPのNOAHさんほか、制作に携わって頂いたすべての皆様に感謝しております。

また本書のベースとなる心理学の礎を僕に築いてくださった日本メンタルヘルス協会の衛藤信之先生、本書のワークの元になる質問力を学ばせて頂いた、質問家のマツダミヒロさん、本書のマインド部分のヒントを頂いていたメンタル超変革コーチの松尾英和さん、そして、物語を構成するエッセンスとなっていたクライアントの皆様、そして、ブログやメルマガの読者の皆様。すべての皆様を表記することができませんが、僕の身近でかかわってくださっている皆様の力があってこそ、この本は生み出すことができました。かかわるすべての皆様への感謝を、最後の言葉に代えさせていただきます。

最後までお読みいただきまして、ありがとうございました。

伊藤勇司

伊藤勇司（いとう・ゆうじ）

「片づけ心理の専門家」空間心理カウンセラー。日本メンタルヘルス協会公認心理カウンセラー。魔法の質問認定講師。引っ越し業で働きながら心理学を学ぶ中で「部屋と心の相関性」に着目し、片づけの悩みを心理的な側面から解決する「空間心理カウンセラー」として2008年に独立。著書に『あなたはなぜ、片づけられないのか？』（PHP研究所）、『部屋は自分の心を映す鏡でした。』（日本文芸社）、『片づけは「捨てない」ほうがうまくいく』（飛鳥新社）がある。

ブックデザイン …千葉慈子（あんバターオフィス）

イラスト…………ぱんだにあ

DTP………………ＮＯＡＨ

編集担当…………佐藤葉子（ＷＡＶＥ出版）

片づけで金運＆幸運をつかむ！
座敷わらしに
好かれる部屋、
貧乏神が取りつく部屋

2017年11月25日　第1版第1刷発行
2018年 4 月24日　　　　第5刷発行

著者　伊藤勇司
発行者　玉越直人
発行所　WAVE出版
〒102-0074 東京都千代田区九段南 3-9-12
TEL 03-3261-3713
FAX 03-3261-3823
振替 00100-7-366376
E-mail: info@wave-publishers.co.jp
http://www.wave-publishers.co.jp
印刷・製本　シナノパブリッシングプレス

NDC597 237p 19cm
ISBN978-4-86621-084-1